GERENCIANDO SEU TEMPO

VANESSA TACCHI

Gerenciando seu
TEMPO
uma abordagem prática

SÃO PAULO, 2020

Gerenciando seu tempo: uma abordagem prática
Copyright © 2020 by Vanessa Cristina Barragan Tacchi
Copyright © 2020 by Novo Século Editora Ltda.

EDITOR: Luiz Vasconcellos
COORDENAÇÃO EDITORIAL: João Paulo Putini
PREPARAÇÃO: Editorando Birô
REVISÃO: Simone Habel
DIAGRAMAÇÃO: João Paulo Putini
CAPA: Bruna Casaroti
IMPRESSÃO: Maistype

Texto de acordo com as normas do Novo Acordo Ortográfico da Língua Portuguesa (1990), em vigor desde 1º de janeiro de 2009.

Dados Internacionais de Catalogação na Publicação (CIP)

Tacchi, Vanessa
Gerenciando seu tempo : uma abordagem prática
Vanessa Tacchi
Barueri, SP: Figurati, 2020.

1. Administração do tempo 2. Planejamento
3. Organização I. Título

20-2307   CDD-650.11

Índice para catálogo sistemático:
1. Administração do tempo 650.11

Alameda Araguaia, 2190 – Bloco A – 11º andar – Conjunto 1111
CEP 06455-000 – Alphaville Industrial, Barueri – SP – Brasil
Tel.: (11) 3699-7107 | Fax: (11) 3699-7323
www.gruponovoseculo.com.br
atendimento@gruponovoseculo.com.br

SUMÁRIO

Introdução. O QUE É TEMPO? E O QUE É O SEU TEMPO? 7

Como usar este livro/ferramenta 12

Capítulo 1. TEMPO: UMA MOEDA VALIOSA 13

Tempo: a principal moeda de troca 15

Nota de reflexão 18

Capítulo 2. VINTE E QUATRO HORAS 21

Você é o comandante da velocidade do seu tempo 23

O home office 28

Para que ter mais tempo? 33

Capítulo 3. MONITORANDO SEU TEMPO 37

Como você investe o seu tempo? 39

Detonadores de tempo, esses vilões... 47

O foco 52

É chegada a hora da mudança de padrões 53

Focando suas sensações, suas emoções e seus sentimentos 54

Capítulo 4. CRIANDO SONHOS 63

Sonhar é um treino 65

Capítulo 5. DEFININDO METAS 81

Metas 83

Mãos à obra! 89

Por que algumas pessoas conseguem resultados fabulosos enquanto outras ficam sempre no "quase"? 92

Capítulo 6. FERRAMENTAS DE GESTÃO DO TEMPO 95

Gerenciando seu tempo 97

Preparando o terreno 98

A arte do não 100

Para delegar ou treinar 100

Organização 101

Montando a agenda 102

Capítulo 7. A PRÁTICA 109

Ação gera resultado 111

Capítulo 8. RESULTADOS 185

INTRODUÇÃO

O QUE É TEMPO? E O QUE É O SEU TEMPO?

Apaixonada pela vida, sempre me encantei por pessoas e seu potencial de desenvolvimento. Amante da natureza e dos animais, tive na Veterinária minha primeira formação, talvez pelo encontro de um dos tipos mais puros e desinteressados de amor.

Na busca por essa dedicação desinteressada, percebi que esse poderia, sim, ser um comportamento comum do ser humano, desde que estivéssemos mergulhados em nosso propósito e conectados com nossa verdadeira essência.

E foi então que comecei minha jornada de amor ao ser humano. Após anos de estudos em Programação Neurolinguística, Análise Comportamental, Coaching Sistêmico, Ativismo Quântico e algumas outras teorias, descobri na maneira como gerenciamos nosso tempo a maior e melhor ferramenta para o encontro dessa essência, que nos levará à tão procurada realização.

Por isso a decisão de resumir um pouco do que vivencio nessa área e trazer as ideias através deste livro, com a intenção de que, cada vez mais e mais, pessoas possam desfrutar de seu tempo da melhor maneira possível.

De acordo com o dicionário, "tempo" é um substantivo, definido como a duração relativa das coisas, que cria no ser humano a ideia de presente, passado e futuro; período contínuo no qual os eventos se sucedem.

Ou seja, a própria definição engloba o conceito de "relativo". Na teoria, todos nós temos dias com 24 horas, e anos com 365 dias (ou 366). Para alguns, parece que esse intervalo permite produzir tanto, enquanto que, para outros, o mesmo período "voa" sem sequer ser percebido.

Na teoria, o *ontem* é aquele tempo que já passou, no qual não podemos mais interferir. O *presente* é o momento atual, o único no qual podemos agir e influenciar, o único também que nos permite gerar emoções ou resultados – satisfatórios ou não. E o *amanhã* é aquele tempo que ainda não chegou, no qual também ainda não podemos agir, mas apenas influenciar com nossas ações do *presente*.

A teoria parece clara, mas ainda temos dificuldades em praticar o "agir e pensar no presente".

Então questiono: o que é o *seu* tempo?

INTRODUÇÃO

De definição ainda mais complexa, o seu tempo é definido pela maneira como maneja tudo aquilo que lhe é importante, para tudo aquilo que destina sua energia e atenção. Ou, pelo menos, para o que acredita que deveria se dedicar.

Por isso, este não é um livro que gerará novos conceitos ou definições. Meu objetivo aqui é muito mais simples: quero mapear o nosso presente – o nosso tempo – e transformá-lo na melhor ferramenta que podemos ter para gerar resultados em nossa vida, pessoal ou profissional.

Convido você, leitor, a mergulhar comigo neste tema, que é tão vivo, parte de nossa rotina diária, mas, ao mesmo tempo, tão misterioso.

Coloco-me de corpo e alma para esta criação e espero que esta ferramenta possa ser muito útil em toda sua vida!

Com toda minha gratidão e honra, convido você a seguir comigo pelas próximas páginas, compostas por desmistificações e criação de ferramentas de resultados.

Que tenhamos sempre uma vida repleta de tempo de qualidade, recheado de satisfação, alegria e amor.

Estaremos juntos em todo o percurso.

Vanessa Tacchi

Como usar este livro/ferramenta

Este livro tem como objetivo ser uma ferramenta para gerir seu tempo da maneira mais adequada e satisfatória possível.

Portanto, é importante ler com uma caneta ou lápis ao seu lado, para preencher cada atividade à medida que lhe for proposta. Isso ajudará você a entender sua rotina e modelá-la da melhor maneira para o alcance de suas metas.

No fim do livro, você encontrará um *planner*, pensado especificamente para que você coloque as etapas de seus objetivos. Elas deverão ser preenchidas de maneira que se possa realizar algo a favor de sua meta a cada semana, sem deixar para o fim do prazo, o que diminuiria suas chances de ser bem-sucedido no alcance da meta.

O objetivo é mapear as melhores atividades para dedicar sua atenção e foco, a fim de alcançar sua meta, adicionando bem-estar e satisfação à sua rotina.

"Você quer ser uma máquina de gerar resultados ou de gerar desculpas? O sucesso acontece no intervalo de suas desculpas." (Wendell Carvalho)

Sua vida é resultado de como investe cada minuto do seu tempo. Vamos juntos nesta trajetória a favor do foco em suas metas!

CAPÍTULO 1

TEMPO: UMA MOEDA VALIOSA

"Foi o tempo que dedicaste à tua rosa que a fez tão importante."

ANTOINE DE SAINT-EXUPÉRY

Tempo: a principal moeda de troca

Em nosso inconsciente, o tempo está completamente relacionado a conceitos financeiros: moeda, troca, valorização ou desvalorização.

Desde a infância, recebíamos dinheiro em troca do tempo que dedicávamos aos bons comportamentos ou do tempo que dedicávamos para alguma ajuda a nossos pais ou conhecidos.

Mais tarde, na escola, o tempo que dedicávamos às matérias era coroado com boas notas. Ou não, na ausência do tempo dedicado.

A vida seguia, e o tempo seguia, sem termos controle sobre ele...

É chegada a vida adulta, começamos a trabalhar. Cada vez mais, surge a desculpa de termos menos tempo. Este, então, torna-se escasso e, portanto, mais valioso. Cobramos salários por ele. Trocamos nossas horas de dedicação pelo dinheiro no fim do mês.

Nossos valores são fortalecidos, sabemos definir melhor quem são as pessoas e quais as coisas importantes para as quais desejamos dedicar nosso tempo. E, então, começamos a abrir concessões. Diminuímos nossa dedicação, em termos de horas, para coisas que já não fazem mais sentido. E aumentamos o tempo investido para o que nos é mais relevante.

E cá estamos nós novamente, trocando o tempo por... *tudo*. Por dinheiro, por valores, por sentimentos, por emoções...

O problema está no fato de que isso já se tornou automático para nós. Tão automático que deixamos de perceber que é o *nosso* tempo que estamos trocando. E por não notar isso, acabamos por desperdiçar esse tempo. Ele escoa sem sequer percebermos. Ou, pelo menos, escoava antes deste momento de lucidez, no qual percebo que tudo está sob o meu controle.

A maneira como invisto essa moeda é uma decisão minha, que pode ser manejada a qualquer momento. Portanto, o resultado, que virá da maneira como investimos nosso tempo, também está em nossas mãos.

A maneira como invisto os minutos do meu presente é uma decisão que cabe a mim: se os investirei com raiva e remorso ou com carinho e coragem. Se os investirei doando amor à minha família ou dando importância para quem sequer deseja minha presença. Se investirei meu tempo com ações que vão me levar aos meus objetivos ou em novelas, internet, programas infrutíferos que não me agregam e só me tiram do rumo e do foco.

Ninguém chegará aos seus objetivos sem preparo e tempo dedicado.

Nenhum profissional chega à vida produtiva sem se dedicar ao estudo ou ao seu trabalho, sem errar e percorrer o acerto. Sem dedicar seu tempo em reuniões, pesquisas, relatórios e gerenciamento de sua rotina, ninguém chega ao desempenho profissional que deseja.

Não há nenhum grande ser humano sem preparo. Nenhuma mãe plena que não tenha dedicado tempo a seus filhos, nenhum marido satisfeito que não tenha dedicado alegremente seu tempo à sua esposa, nenhum profissional reconhecido que não tenha dedicado tempo ao seu aprimoramento.

Como bem disse Henry David Thoreau: "Não basta ocupar-se como se ocupam as formigas. A questão é com o que nos ocupamos".*

E, por isso, mais uma vez, proponho a reflexão: o que mais queremos para nossas vidas? Nas áreas profissional, financeira, amorosa, familiar? E como

---

* Apud KELLER, G.; PAPASAN, J. *A única coisa*: o foco pode trazer resultados extraordinários para sua vida. São Paulo: Figurati, 2014.

temos dedicado nosso tempo para alcançar o que queremos em cada uma dessas áreas?

Como já vimos, o tempo é a principal moeda de troca para a satisfação em todas essas áreas... Mas como temos investido essa moeda?

E então? Você anda vendendo seus sonhos e suas metas e desperdiçando seu tempo? Não se preocupe se a resposta for sim! Isso é mais comum do que você imagina. Estamos aqui justamente para alinhar seus objetivos, de maneira a focar seu tempo nas atividades que lhe trarão mais resultados.

Como dizia John Lennon: "A vida é o que acontece enquanto você está fazendo outros planos". Foquemos então para que a vida seja o seu plano, e não uma execução de planos aleatórios de outras pessoas que lhe são impostos.

Lembre-se de que cada minuto é importante, só depende de como está sendo usado. Afinal, um minuto é muito tempo quando estamos no meio de um enxame de abelhas, mas esse mesmo minuto poderia passar despercebido ao lado da pessoa amada.

Nota de reflexão

No momento em que este livro é escrito, estamos em 2020 e vivemos algo impensado: a falta de controle da situação diante da pandemia de covid-19, causada pelo novo coronavírus. Esse microrganismo nos "obrigou" a olhar para nós em primeiro lugar – para nossa saúde, para nossas famílias, para nossas prioridades. Percebemos que, quando somos obrigados a escolher, nossa escolha será sempre por nossa vida e pela das pessoas que amamos. Percebemos que o tempo, antes escasso, agora sobra... Mas inacreditavelmente continua escorrendo entre nossos dedos. O tempo passa sem conseguirmos fazer o que gostaríamos – algumas vezes, por não poder encontrar as pessoas que amamos; outras, por não termos o foco e planejamento adequados no que desejamos alcançar em termos de resultados. E aí percebemos que o tempo continua sendo ele... "Só" o tempo. E sua condução continua sendo nossa; seu planejamento, nosso bem-estar ao utilizá-lo. *Tudo* continua nas nossas mãos.

PAUSA PARA REFLEXÃO

"Imagine que você tenha uma conta bancária e, a cada manhã, você receba um saldo de R$ 86.400,00. Só que não é permitido transferir o saldo para o dia seguinte. Todas as noites, o saldo é zerado, mesmo que você não tenha gastado tudo. O que você faria? Certamente você gastaria cada centavo.

Pois vou lhe dizer: isso não é imaginação! Você é cliente desse banco, e ele se chama "tempo".

Todas as manhãs, são creditados 86.400 segundos na sua vida. Todas as noites, o saldo é zerado. Não é permitido acumular saldo para o dia seguinte. Todas as manhãs, sua conta é reiniciada, e todas as noites, os segundos não aproveitados se evaporam! E não há volta.

Como você anda gastando esse saldo que é creditado em sua vida todas as manhãs? Temos que estar atentos à importância de cada segundo...

Quer saber o valor de um ano? Pergunte a um estudante que repetiu o ano escolar. Quer saber o valor de um mês? Pergunte a uma mãe que teve seu bebê prematuramente. Quer saber o valor de uma semana? Pergunte ao diretor de um jornal semanal. Quer saber quanto vale uma hora? Pergunte aos namorados que estão ansiosos por se encontrar. Quanto vale um minuto? Pergunte a uma pessoa que perdeu o ônibus. E um segundo, quanto vale? Pergunte a uma pessoa que conseguiu evitar um acidente. Até um milésimo de segundo tem valor, é só perguntar ao atleta que ganhou a medalha de ouro em um torneio!

Portanto: valorize cada momento que você tem.

E lembre sempre: ontem é história, amanhã é mistério, e o hoje é dádiva, por isso é chamado de presente!"

– AUTOR DESCONHECIDO

CAPÍTULO 2

VINTE E QUATRO HORAS

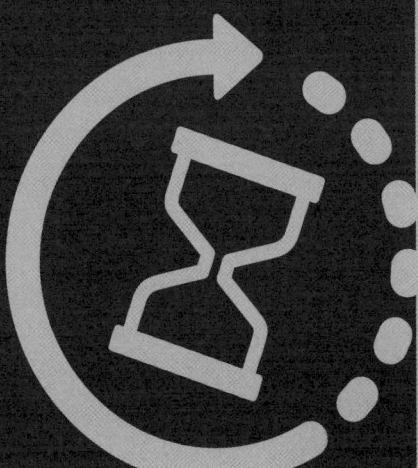

"Quanto mais precisas para viver, mais tens de trabalhar e menos tempo tens para ti. O maior dos luxos é o tempo. O tempo é o meu maior patrimônio."

MIGUEL ESTEVES CARDOSO

Você é o comandante da velocidade do seu tempo

Sim, 24 horas por dia é o tempo que cada um de nós tem para desempenhar nossas atividades. Para alguns, os "produtivos", esse tempo parece sobrar. Enquanto para outros, ele parece "voar", passa sem sequer deixar vestígios.

Mas por que isso acontece?

Diversas são as respostas. Desde complexas teorias de física quântica até estudos de rotina e percepção de tempo. Mas todas passam pelo fato de que a maneira como *investimos* ou *desperdiçamos* o tempo influi diretamente na produtividade de nossos minutos e na qualidade de nossa vida.

E isso é bastante fácil de ser constatado.

Um estudante com a prova final agendada tem mais chances de ter bons resultados se dedicar seu tempo estudando ao longo da semana, em vez de dedicar seu tempo ao videogame.

Carl Honoré, em seu livro *Devagar*,* defende a ideia de que "poderíamos viver melhor trocando lanchonetes por banquetes caseiros, fazendo amor gostoso e demorado e não um sexo rápido, e parando de dirigir como pilotos de Fórmula 1". Segundo ele, para os ocidentais, o tempo é linear e nunca volta. Por isso, queremos ter a sensação de que estamos tirando o máximo proveito dele. E a única solução que encontramos é acelerá-lo, o que é um equívoco.

A resposta desse dilema é *qualidade*, não *quantidade*.

Recordo de uma história contada pelo professor Hernani Luiz Brinati, na colação de grau da Engenharia Poli, em 2019, que viu na mesa de um indiano a seguinte frase: "Will this days be called the good old time?" (*Será que chamaremos esse tempo de bons, velhos tempos?*).

Desde a Revolução Industrial, muitas atividades rotineiras foram agilizadas. Compare, por exemplo, o tempo que Napoleão levava para se deslocar até algum lugar utilizando um cavalo ao tempo que levamos hoje, de trem ou avião. Buscamos sempre a

---

* Apud GWERCMAN, S. Tempo: cada vez mais acelerado. *Superinteressante*, 31 out. 2016. Disponível em: <https://super.abril.com.br/comportamento/tempo-cada-vez-mais-acelerado-2/>. Acesso em: 11 maio 2020.

opção que nos entregue resultados no menor tempo possível, e, mesmo assim, estamos cada vez mais com a sensação de perder tempo.

Inconscientemente, somos levados a acreditar que, quanto mais rápido, melhor. Com isso, estamos cada vez mais dominados pelo tédio, pressa e ansiedade.

Com base nas ideias de Sérgio Gwercman, ex-diretor de redação da revista *Superinteressante* e, hoje, CEO da *Infomoney*, listo os principais problemas da vida acelerada:*

1. Prejudicar as relações afetivas, com familiares e amigos, por estar muito apressado ou distraído para se envolver profundamente com outras pessoas.
2. Engordar ao comer alimentos processados e altamente calóricos.
3. Viver de maneira imediatista, sem foco em resultados a longo prazo.
4. Ter ideias pouco criativas, moldadas em exemplos comuns, mais rápidas de serem criadas e acessadas.
5. Deixar de ter prazer com comida, sexo e hobbies por realizar tais atividades rápido demais.

---

* Ibid.

6. Correr demais com as tarefas, cometendo erros frequentes.
7. Não focar o presente e viver ansioso e preocupado com o futuro, sem poder ter controle sobre este.

E dicas para uma vida mais "devagar":

1. Diariamente, separe tempo para desligar toda a tecnologia que nos cerca – internet, celulares, televisão. Aproveite para se sentar sozinho com seus pensamentos.
2. Observe sua velocidade durante o dia. Por força do hábito, fazemos algumas coisas mais rápido do que precisamos.
3. Deixe buracos na agenda e não preencha todos os momentos do dia com atividades. Resista à tentação de fazer mais e mais e tente fazer menos, porém com mais qualidade.
4. Realize as refeições na mesa em vez de comer assistindo à televisão ou com outra distração conjunta.
5. Encontre um hobby que desacelere sua rotina, como pintar, montar quebra-cabeça, caminhar ou fazer ioga.
6. Aprenda a dizer não para atividades que não queira fazer ou que não lhe trarão resultados.

7. Valorize as pessoas que você ama. Deixe-as saberem disso e aproveite cada minuto ao lado delas, sem outras distrações.

Baseados nessa "vida mais devagar", por ironia do destino, um vírus nos forçou a adotar essa forma de vida. Muitas pessoas agora se voltam para suas famílias, trabalham de casa, e, no princípio, isso chega até a dar a impressão de trazer mais tempo livre a nossas vidas.

Mas será que realmente soubemos aproveitar esse tempo trazendo mais harmonia e mais tempo de qualidade com nossa família? Será que dedicamos esse tempo à realização de nossos projetos e executamos um plano de ação que nos aproximasse de nossos objetivos? Aceleramos os resultados com exercícios físicos, ou nos estudos?

Muitos, infelizmente, não estão aproveitando dessa maneira e reclamam do tempo ocioso, que não têm mais filmes para assistir, estão cansados de seus relacionamentos e de fazer as lições com os filhos etc.

Pois é... O tempo é o recurso mais disponível que temos. Todos os dias, recebemos gratuitamente 24 horas, mas, na maioria das vezes, não as utilizamos a nosso favor. Então, na verdade, o problema não está na falta de tempo, mas na *ausência* ou *inabilidade do gerenciamento de tempo*.

O home office

O trabalho em casa exige as mesmas ou até mais responsabilidades que estar no escritório, onde você já tem um ambiente blindado, rotinas definidas e uma lista de ações a ser tomada a cada dia.

Seguem algumas dicas para conseguir manter ou até melhorar o foco e a produtividade quando em home office:

1. **Estabeleça rotinas.** Ter horários definidos para levantar, fazer as refeições e encerrar o expediente, além de deixá-lo(a) mais focado(a), ajuda a proteger suas atividades em família. Nesse período, peça para não ser interrompido(a) e blinde-se de conversas, telefones e barulhos excessivos. A colaboração de toda a família é essencial nesse processo. E, para conseguir isso, aproveite para exercitar a comunicação da família. Em troca dessas horas de "ausência" das atividades em casa, poderá oferecer uma dedicação de maior qualidade em suas horas livres. Use a imaginação!

2. **Arrume-se para trabalhar.** Permanecer o dia todo de pijama ajuda a preguiça a dominar e não permite que sua mente perceba que está trabalhando e deve se comportar dessa maneira.

3. **Separe um local específico para trabalhar.** Se não tem um escritório preparado dentro de casa, separe um canto da mesa que será só seu, onde poderá deixar computador, canetas, caderno ou o que mais precisar. E deixe tudo sempre à mão, para melhorar sua produtividade.
4. **Tenha períodos de hiperfoco.** Evite distrações. Há aplicativos que ajudam nisso (por exemplo: Pomodoro, Foco, Focus Keeper). Dessa maneira, você separa um determinado tempo para se dedicar exclusivamente a uma tarefa, sem interrupções. Isso ajuda muito em sua produtividade!
5. **Tenha definidas, de preferência em um local visível, as suas metas no trabalho.** Divida-as, como ensinamos neste livro, em ações mensais e semanais. Complete sua agenda, para saber exatamente quais serão seus compromissos e suas tarefas de cada dia. Cumpra as tarefas separadas para cada dia.
6. **Diga não para as tarefas que não fizerem parte de sua rotina.** Só assim poderá cumprir com assertividade e dentro do prazo as ações para as quais já havia se preparado.
7. **Não postergue!** Postergar uma tarefa normalmente é um boicote a tarefas essenciais, mas não tão agradáveis de serem feitas. Delas

dependem seus resultados e tarefas futuras, e postergar só lhe trará mais estresse e ansiedade, além de atrapalhar todo seu planejamento. Gerencie suas tarefas e realize-as o quanto antes!

Como descrito por Maurício Brum para a *Superinteressante*: "Em 1897, o filósofo francês Paul Janet elaborou uma teoria: há uma explicação matemática para sentirmos que o tempo fica mais rápido conforme envelhecemos. A lógica era muito simples: cada ano de nossas vidas representa um pedaço menor do todo. O primeiro ano da nossa existência representa 100% da nossa vida até ali, um ano representa 20% da nossa existência aos cinco anos, essa proporção cai para 2% quando chegamos aos 50. Portanto, à medida que envelhecemos, um ano representa um percentual menor em nossas vidas, fazendo com que tenhamos a percepção de que esse ano 'passou tão depressa'".*

É uma redução exponencial: os anos seguintes parecem cada vez mais breves em relação aos anteriores. Poderia ser simples assim, mas nós não analisamos a nossa experiência em termos de

---

* BRUM, M. O tempo está passando mais rápido? *Superinteressante*, 18 mar. 2019. Disponível em: <https://super.abril.com.br/comportamento/o-tempo-esta-passando-mais-rapido/>. Acesso em: 11 maio 2020.

porcentagens e proporções. Nossa memória não cataloga o que vivemos de acordo com o tempo que cada acontecimento ocupou diante do todo, mas, sim, de sua relevância e da atenção e importância que damos ao momento.

Pense na última vez que você fez algo novo: acampar no meio do mato, ir àquele show que era um sonho de adolescência, conhecer um novo país ou, simplesmente, trocar um pneu na beira da estrada. É possível que você se lembre desses episódios com uma incrível riqueza de detalhes, mesmo que eles tenham acontecido anos atrás. O mesmo exercício pode ser bem mais difícil quando se pensa no que aconteceu no trabalho durante a semana passada.

Se os seus dias mais recentes não fugiram da rotina, eles não vão deixar muita lembrança. Com o tempo, vão se misturar na memória. Se nenhum dia se destaca, todos eles parecem tão iguais que também acabam deixando a impressão de que passaram muito rápido, porque são condensados em uma única memória – que é lembrada como um período tedioso entre memórias emocionalmente mais relevantes. A rotina é uma das grandes culpadas por sentirmos que o tempo voa.

A psicóloga britânica Claudia Hammond, em seu livro *Time Warped: Unlocking the Mysteries of Time Perception*, diz que o segredo para alongar o tempo é criar o máximo possível de novas memórias, que façam com que um dia se destaque perante os demais. Quanto mais dias fora do usual você viver, mais longos eles parecerão em retrospectiva.*

Na juventude e adolescência, a vida está cheia de primeiras vezes: o primeiro dia na escola, a primeira vez que dormimos fora de casa, a primeira viagem sem os pais, o primeiro beijo, a primeira refeição que cozinhamos sozinhos, a primeira transa, o primeiro emprego, o primeiro bebê... Quando ficamos velhos, os acontecimentos se tornam repetitivos. Os pesquisadores estimam que a fase mais prolífica em termos de novidades ocorra entre os 18 e os 25 anos. Depois disso, o que antes era singular e surpreendente se torna parte da rotina e produz menos memórias. Consequentemente, o ano passa correndo, e não percebemos ele passar.

Para agravar, com as novas tecnologias à disposição o dia inteiro, sempre há mais tarefas a serem cumpridas, e a rotina do trabalho invade nossa vida pessoal e nosso lazer sem sequer percebermos. A internet e o celular extinguiram o tédio. E juntos, muitas vezes, extinguem a possibilidade de criarmos vivências e situações novas e gratificantes com as pessoas que amamos, que certamente deixariam

---

* HAMMOND, C. *Time Warped*: Unlocking the Mysteries of Time Perception. Edimburgo/Londres: Canongate, 2012.

lembranças maiores e mais valiosas que as horas que passamos absortos no celular ou na internet.

Para que ter mais tempo?

Não importa qual o objetivo, ele só será alcançado com dedicação de tempo.

Um bom emprego, um casamento feliz, uma linda casa, um carro confortável... Qualquer tipo de objetivo necessita de tempo em forma de vontade, foco, energia e ação!

Então, se você realmente quer resultados diferentes, precisa necessariamente:

- Ter vontade real de fazer acontecer e motivação suficiente para encontrar seus resultados.
- Focar atividades que lhe trarão resultados.
- Colocar energia e dedicar tempo para essas atividades.
- Agir! Efetivamente agir em busca dos resultados.

Um profissional que visa à ascensão na carreira tem mais chances de conseguir isso caso dedique seu tempo a especializações na área do que se desperdiçá-lo com conteúdos irrelevantes na internet.

Um companheiro que visa a um casamento feliz tem mais chances de conseguir isso caso se dedique a fazer sua esposa feliz e contente, em vez de desperdiçar seu tempo com pessoas ou atividades que fujam desse objetivo.

Alguém com muito conhecimento ou habilidades aprendeu com o tempo; assim como alguém com muito dinheiro o ganhou com o tempo.

Pais que querem educar os filhos para uma vida mais saudável têm maiores chances de sucesso se dedicarem seu tempo ao desenvolvimento da criança e a atividades saudáveis com o filho do que se optarem por atividades mais práticas e sem foco na família.

Esses foram apenas exemplos para mostrar o quanto a dedicação (ou a falta dela) ao nosso tempo influi em nossos resultados.

Segundo Tal Ben-Shahar, professor de Harvard, "o que realmente interfere na felicidade é o tempo que passamos com pessoas que são importantes para nós, como amigos e familiares – mas só se você estiver por inteiro: não adianta ficar no celular quando se encontrar com quem você ama. Hoje, muita gente prioriza o trabalho em vez dos relacionamentos, e isso aumenta a infelicidade".*

As pessoas que realmente mudam nossas vidas são as que estão ao nosso lado, e não as mais influentes.

---

* OLIVEIRA, R. Anúncios da Nova Era. *Mundo Espírita*. Disponível em: <http://www.mundoespirita.com.br/?materia=anuncios-da-nova-era-36>. Acesso em: 11 maio 2020.

Mais à frente, veremos ferramentas que podem ajudar você a focar, dedicar melhor seu tempo e agir.

Mas, por enquanto, é importante que perceba que você é o *piloto do seu tempo*. A responsabilidade de fazer com que a pessoa que será amanhã se orgulhe de cada ação sua hoje é somente *sua*!

"A má notícia é que o tempo voa. A boa é que você é o piloto." (Autor desconhecido)

CAPÍTULO 3

MONITORANDO SEU TEMPO

"Deixa partir o que não te pertence mais [...] O que foi já não serve... é passado. E o futuro ainda está do outro lado, e o presente é o presente que o tempo quer te entregar."

PADRE FÁBIO DE MELO

Como você investe o seu tempo?

O primeiro passo para você melhorar a maneira como utiliza seu tempo é enxergar como tem utilizado essa ferramenta tão valiosa hoje. *Será que todas as ações e atitudes que tomei hoje foram, de alguma maneira, proveitosas para o futuro que eu desejo?* E uma pergunta que sempre gosto de fazer: *será que meus pensamentos e minhas atitudes do presente me aproximam ou me afastam do futuro que desejo?*

Analisemos...

Para esta primeira atividade, esteja bastante atento(a) ao seu dia e a quantos minutos gasta diariamente (ou por semana, conforme o caso) com as atividades que descreveremos nos quadros a seguir.

Esta é uma maneira de "fotografar" sua rotina. É a imagem do que estamos fazendo com nosso tempo. Ter essa consciência lhe permitirá fazer mudanças em seu benefício.

Então analise minuciosamente seu dia e preencha os quadros, colocando nas colunas da direita o tempo que gasta/investe em cada atividade listada, por dia ou por semana, como melhor se adequar a você.

Entender como usa seu tempo nos ajudará a montar seu planejamento de tempo em função de suas metas no fim do livro.

Reflita... Como você usou as últimas duas horas do dia de hoje? Realmente foram bem aproveitadas?

Com duas horas, você pode adiantar bastante a leitura de um livro, praticar uma atividade física, cozinhar um prato elaborado, ter momentos incríveis com a pessoa amada, dedicar-se a um projeto profissional, assistir a um curso interessante ou simplesmente gastar nas redes sociais ou assistindo a programas que não lhe trarão nenhum retorno.

QUADRO 1. Atividades vitais

Atividades vitais	Tempo investido por dia	Tempo investido por semana
Dormir		
Banho ou cuidados pessoais		
Refeições		
Outros		
TOTAL 1		

As atividades vitais, resultantes do Total 1 (Quadro 1), não são negociáveis e precisam ser contabilizadas. Elas devem ser incluídas em sua agenda e contabilizadas em seu dia a dia.

Por não "conseguirmos" abrir mão dessas atividades, nosso tempo será sempre investido nelas. Mas podemos avaliar uma a uma e observar o que poderia melhorar, no sentido de economizarmos mais tempo. Algo muito comum nesta etapa é perceber que dormimos demais ou de menos...

No livro *Mentes felizes*,[*] Teresa Aubele, Stan Wenck e Susan Reynolds relatam brilhantemente a importância do sono para nossa saúde e qualidade de vida, quando dizem que, durante o sono, nossas células passam por emendas, a energia é recarregada, o humor se estabiliza e o cérebro é reparado. Para alcançar o máximo de benefícios, são indicadas de 7,5 a 9 horas de sono por noite. Para isso, os doutores passam algumas dicas que valem a pena ser seguidas para uma maior qualidade do sono:

- Não se exercitar duas horas antes de dormir.
- Não beber em excesso.
- Não sobrecarregar o estômago com refeições pesadas antes de dormir.

---

[*] AUBELE, T.; WENCK, S.; REYNOLDS, S. *Mentes felizes*. São Paulo: Universo dos Livros, 2018.

- Não fumar antes de dormir (de preferência, não fumar).
- Desconectar-se de estímulos e aparelhos eletrônicos ao menos duas horas antes de dormir.
- Manter um horário regular para dormir.
- Criar um ambiente com temperatura agradável e sem ruído de TV.
- Criar um ritual antes de dormir. Uma xícara de chá pode ser uma boa opção.

Outro erro comum nas atividades vitais é gastarmos pouco tempo com a alimentação, o que significa que não estamos aproveitando esse momento para um autocuidado, tão importante para nosso bem-estar e nossa socialização em família.

QUADRO 2. Atividades essenciais

Atividades essenciais	Tempo investido por dia	Tempo investido por semana
Espiritualidade		
Atividade física		
Estudos ou leituras		
Outros		
TOTAL 2		

Com relação às atividades essenciais, resultantes do Total 2 (Quadro 2), muitas vezes acabamos abrindo mão delas, mesmo sabendo que seriam importantes para nosso futuro, nossa vitalidade e para o atingimento de nossas metas a longo prazo.

Cuidar de nossa mente e de nossas crenças é o veículo propulsor que pode nos trazer resultados benéficos ou maléficos, variando de acordo com a forma como alimentamos nossa mente, com meditação, livros e filmes edificantes ou com filmes e programas que mantenham a violência viva em nosso inconsciente.

Aqui cabem reflexões, além de coragem e ação, para que essas atividades se tornem tão imprescindíveis quanto as primeiras.

QUADRO 3. Atividades necessárias

Atividades necessárias	Tempo investido por dia	Tempo investido por semana
Trabalho		
Trânsito		
Cuidados com casa ou carro		
Outros		
TOTAL 3		

Para as atividades necessárias, contabilizadas no Total 3 (Quadro 3), notamos uma dificuldade maior em controlar o tempo investido nelas. Mas podemos sempre trabalhar para melhorar: trabalhando com algo que nos traga realização, saindo de casa em um horário com menos trânsito ou utilizando esse tempo para algo positivo, como ouvir um audiobook.

Pense nisto: se não cuidarmos de itens como horas de sono, alimentação, cuidados com a manutenção de casa ou do carro, no futuro esses itens podem se tornar grandes tomadores de tempo em mecânicos, consultas médicas etc.

Se você tivesse uma Ferrari, por exemplo, tenho certeza de que não a abasteceria com qualquer combustível. Trate seu corpo como a Ferrari mais preciosa. O foco nessas atividades hoje economizará nosso tempo amanhã.

QUADRO 4. Atividades recompensadoras

Atividades recompensadoras	Tempo investido por dia	Tempo investido por semana
Lazer		
Hobbies		
Dedicação àqueles que amo		
Momentos de paz		
Outros		
TOTAL 4		

E que bom que ainda temos o tempo que investimos com as atividades recompensadoras, contabilizadas no Total 4 (Quadro 4).

São essas atividades que nos movem, estimulam, dão vontade de prosseguir, trazem garra e coragem para enfrentarmos os desafios que virão, além de nos trazerem alegria, sorrisos e satisfação. Não conseguiríamos fazer as outras atividades ou as faríamos sem motivação, com um desempenho muito inferior do que poderíamos alcançar, se não fossem por esses sentimentos.

Mas, se essas atividades são assim tão importantes, por que não lhes damos tanta importância? Por que são sempre deixadas para um segundo plano?

Muitas vezes, acreditamos que essas "atividades" estarão ali a qualquer momento e não precisamos focá-las agora. As pessoas que amamos estarão sempre "ali" para nós. Mas é nossa falta de dedicação e atenção a esses momentos que podem nos distanciar desses entes tão importantes.

Bons indicadores de se damos ou não a atenção devida nos momentos em que estamos com aqueles que amamos são as crianças e os animais. Quantas vezes temos nossa atenção chamada quando resolvemos trabalhar ou ler um livro enquanto brincamos com eles? Eles nos chamam de novo ao verdadeiro e mais importante foco daquele momento...

E é essa nossa falta de atitude que poderá nos causar tanta dor e arrependimento no futuro, quando perdemos esses companheiros. Por isso, aqui lanço um desafio.

Liste, a seguir, as sete pessoas mais importantes em sua vida:

1. _____
2. _____
3. _____
4. _____
5. _____
6. _____
7. _____

Comprometa-se a, nos próximos 14 dias, demonstrar, com seu tempo, o quanto essas pessoas que você elencou são importantes para você. Pode ser com uma ligação, uma visita ou um passeio conjunto.

Anote esse compromisso em sua agenda. Essa é uma tarefa. E toda tarefa deve ser registrada e realizada!

Foquemos em administrar nosso tempo de maneira que tenhamos todo o tempo necessário para essas atividades tão prazerosas e fundamentais! Nosso objetivo é ampliar ao máximo as horas investidas nesta área.

Mas...

Se somarmos o tempo que investimos nessas atividades (Total 1 + Total 2 + Total 3 + Total 4), provavelmente ainda não totalizaremos as 24 horas do nosso dia. E como estamos investindo o tempo restante?

Para alguns, no entanto, essas atividades até ultrapassam as 24 horas ou chegam bem perto disso. Mas como isso é possível?

Veja, portanto, o quanto mapear corretamente esse tempo pode auxiliar a gerenciá-lo melhor. Você pode voltar e refazer cada tabela. E se acha que analisou bem seu tempo até agora, é hora de pensarmos como pode estar sobrando tempo para atividades que não nos trazem nenhum tipo de resultado.

Essa á a parte que merece nossa maior atenção: os *detonadores do tempo*.

Detonadores de tempo, esses vilões...

Os detonadores do tempo são aquelas atividades que normalmente fazem parte de nossa rotina, sem sequer percebermos. Atividades que podem até trazer uma satisfaçãozinha temporária, mas que não colaboram e, na maioria das vezes, até prejudicam nosso desempenho e o alcance de nossos objetivos.

Racionalmente, sabemos que gastamos tempo no nosso dia a dia com atividades infrutíferas: redes sociais, mensagens ou sites sem conteúdo, reuniões excessivas e sem foco, verificação constante de e-mails, dizer sempre "sim" aos planos e planejamentos dos outros e "não" aos meus planos e minha vida etc.

Mas usamos desculpas para continuar utilizando esses "escapes": "é tão gostoso...", "nem gasto tanto tempo assim...", "não sou viciado, é só um momento de prazer", "é importante, preciso saber o que as outras pessoas estão fazendo".

Na maioria das vezes, as desculpas que utilizamos estão relacionadas ao prazer, a estar antenado ou à necessidade.

Mas já vimos nas atividades recompensadoras o que efetivamente nos dá prazer, e tais atividades não foram citadas ali.

Já parou para pensar se são, de fato, tão importantes e gratificantes como você acredita que sejam?

Vamos analisar esses detonadores... Mapeie por um dia o tempo que desperdiça com atividades como as apresentadas e liste-as no quadro a seguir. Tenho certeza de que vai se assustar com o resultado.

QUADRO 5. Detonadores de tempo

Vilão	Tempo perdido nos dias úteis	Tempo perdido no fim de semana
Conferência constante do e-mail		
Reuniões improdutivas		
Mensagens		
Redes sociais		
Sites improdutivos		
Desorganização		
Falta de planejamento		
Dizer "sim" aos outros e "não" a você		
TOTAL 5		

Reflita sobre o tamanho do prazer que essas atividades lhe trazem, sua importância ou resultados. Foque a sensação trazida por eles e a razão pela qual você ainda pratica tais atividades.

Pense em como poderia substituir essas ações para ter a mesma sensação ou sentido de importância, uma utilidade que essas atividades traziam a você.

Agora, reflita se faz sentido continuar com os vilões do tempo detonando sua produtividade, seus sonhos e sua vida desejada.

AS JUSTIFICATIVAS

CHECK CONSTANTE DE E-MAILS: O monitoramento constante de e-mails faz com que percamos o foco na atividade principal, sem ter a necessidade imediata dessa verificação. Estipular uma frequência para abrir sua caixa de e-mails (por exemplo, a cada três horas) e agir sobre cada um deles, resolvendo pendências assim que o lê, pode ajudar a salvar minutos de seu dia.

REUNIÕES IMPRODUTIVAS: Ao entrar em uma reunião, tenha claro o que será tratado e o objetivo que deverá ser alcançado no tempo previsto. A sugestão é deixar um responsável para controlar o tempo e "cortar" a conversa caso saiam do foco.

MENSAGENS/REDES SOCIAIS/SITES IMPRODUTIVOS: Na maioria das vezes, esse tipo de atividade não agrega qualquer valor ao seu dia. Estipule um limite de tempo para manejar suas redes e isso certamente salvará bastante tempo em seu dia.

DESORGANIZAÇÃO: A organização de seu ambiente pode economizar bastante tempo. Lembra o tempo gasto para encontrar um documento importante, uma caneta ou a chave do carro? Aquela roupa que queria usar? Pois é... Ter seus objetos organizados ajuda a manter sua mente organizada e livre para pensar no que é, de fato, importante.

FALTA DE PLANEJAMENTO: A tentativa de se lembrar de atividades que precisam ser feitas e não estavam listadas toma bastante tempo. Além disso, causa insatisfação por não lembrarmos quando precisamos. Pense em suas visitas ao supermercado e ao retornar com algum item faltante ou na tentativa de lembrar durante o expediente o que deveria fazer naquele momento.

Tente mapear por uma semana o tempo que desperdiça com atividades como as listadas anteriormente.

Agora, imagine se pudesse converter todas essas horas perdidas, listadas no Total 5, e investi-las nas atividades recompensadoras, aumentando o Total 4. Como acha que seria seu nível de bem-estar e qualidade de vida se isso acontecesse?

Ainda acredita que as atividades "vilãs" são tão prazerosas ou importantes quanto as atividades recompensadoras, necessárias, essenciais ou vitais?

Lembre-se: você é o comandante do seu tempo, e utilizá-lo para o que é mais importante – para você – é sua tarefa!

Gerenciar seu tempo é, acima de tudo, gerenciar sua vida e permitir que ela seja repleta de prazeres e sonhos conquistados.

Apenas para constar, eu mesma não percebia o quanto essas atividades podiam minar minha produtividade – até o dia que meu despertador tocou às 6h e abri as redes sociais para "dar uma olhadinha". Quando olhei novamente o relógio, já eram 6h40 e eu ainda estava deitada sem ter feito absolutamente nada de proveitoso.

Foram 40 minutos que se passaram sem que eu sequer percebesse. Minutos que poderiam ter sido utilizados para meditar, ler, fazer uma atividade física, tomar um café da manhã mais caprichado ou ligar para uma pessoa especial. Mas era mais cômodo usar a desculpa de não ter tempo para isso.

Fatos como esse literalmente nos despertam... Eles nos despertam para a falta de *foco* em nossa própria vida.

O foco

Segundo Glauco Cavalcanti, especialista em negociação e professor da Fundação Getúlio Vargas (FGV), em seu curso de MBA sobre Negociação, ter foco é um dos princípios para resultados extraordinários. É saber desapegar de tudo que tira você do seu processo, desapegar de hábitos ruins, relações tóxicas, tomadores de tempo etc. E desapego envolve maturidade.

É preciso ter maturidade para se focar o processo, e não o resultado, já que este é o caminho mais concreto para chegar consistentemente ao seu resultado. Focar o processo nos permite avaliar o que acontece em cada etapa, perceber os erros e corrigi-los, mapear os bons resultados e agir nessa direção.

O processo nos permite analisar cada etapa com maior cuidado e, com isso, perceber detalhes que antes poderiam passar despercebidos. Permite ainda reduzir a ansiedade com o resultado, e isso por duas razões: primeiro, porque sabemos que esse é o caminho que nos levará à concretização de objetivos; segundo, porque, por focarmos mais esta etapa e o que podemos fazer hoje, tiramos o foco do futuro e a preocupação do que poderia ocorrer em etapas futuras, que terão o devido tempo para serem cuidadas.

Figura 1. Coragem é enxergar além do que se vê, é fazer mais do que sempre imaginou

É preciso coragem para admitir o tempo que temos perdido até agora.

E é preciso alegria para admitir que tudo está sob seu controle. E que, a qualquer momento, *você* pode mudar tudo!

É chegada a hora da mudança de padrões

Já tivemos coragem para o diagnóstico do tempo perdido. Agora, desejo-lhe persistência e foco para criarmos um plano de ação para o melhor gerenciamento do nosso tempo, para resultados mais promissores...

Em primeiro lugar, vamos gerar *motivação*!

Releia suas atividades recompensadoras e sinta-se livre para listar ainda mais.

Reflita sobre o quanto elas lhe trazem alegria e satisfação.

Foque o sentimento e a emoção gerados. Observe-se e veja como seu estado muda só de pensar nessas atividades.

Pense sobre como seria sua vida se tivesse mais tempo para investir nessas atividades.

Observe suas metas (falaremos delas mais adiante) e veja como essas horas a mais poderiam fazer a diferença para alcançá-las.

Agora, somente reflita como sua vida mudaria se tivesse mais tempo para gerar essas sensações.

Focando suas sensações, suas emoções e seus sentimentos

Imagine sua vida atual e como estará daqui a cinco anos caso siga o mesmo padrão de comportamento e de investimento de tempo. Relate detalhadamente:

_____

_____

_____

Agora imagine sua vida desejada, sem qualquer tipo de bloqueio, mudando seu padrão de investimento de tempo com ações mais efetivas, usando o tempo em prol de suas metas, valorizando mais atividades recompensadoras e reduzindo vilões do tempo. Com esse novo padrão de comportamento, como será sua vida daqui a cinco anos? Relate detalhadamente:

_____
_____
_____
_____
_____
_____

Tornar realidade o primeiro ou o segundo cenário só depende de você e de como investirá seu tempo a partir de agora.

Com esse exercício, podemos claramente perceber se nossas ações atuais nos aproximam ou nos afastam do futuro desejado.

E você? A maneira como investe seu tempo atualmente aproxima ou afasta você do seu futuro desejado?

Se a resposta for "afasta", o que você acredita que poderia fazer de diferente para se aproximar de seus objetivos?

_____
_____
_____
_____
_____

O gráfico a seguir (Figura 2)*, que segue o modelo proposto por Mihaly Csikszentmihalyi, pode ajudar

---

* Adaptado de LEAL, M. *A teoria do flow e como alcançar este estado da mente*. Disponível em: <https://www.marcelleal.com.br/teoria-do-flow-como-alcancar-este-estado-da-mente/>. Acesso em: 11 maio 2020.

a refletir sobre novos hábitos mais inteligentes para seu caminho. Observe as atividades que tem realizado – quanto maior o desafio (representado pelo eixo vertical) e maior sua habilidade (representada pelo eixo horizontal) para realizar a tarefa, maior sua sensação de realização e bem-estar ao realizá-la (estado de *flow*).

Por exemplo, uma pessoa com bastante habilidade em determinada atividade que tente realizar algo muito básico se sentirá entediada – ponto T do gráfico (exemplo: um grande violinista ao tentar tocar o dó-ré-mi).

Já uma pessoa com pouca habilidade para alguma atividade à frente de um grande desafio se vê ansiosa – ponto A (exemplo: uma criança que não sabe andar de bicicleta quando tira as rodinhas e tenta andar pela primeira vez).

E no ponto F temos o estado de *flow*, no qual colocamos os novos hábitos inteligentes. É o ponto onde o alto desafio de uma atividade é combinado a uma grande habilidade. Por exemplo: um pianista ao tocar uma nova sinfonia – ele mergulhará nela, sem sequer ouvir o que passa ao seu redor. Isso lhe causará grande prazer e sensação de bem-estar. E é nesse ponto que queremos chegar com nossas atividades.

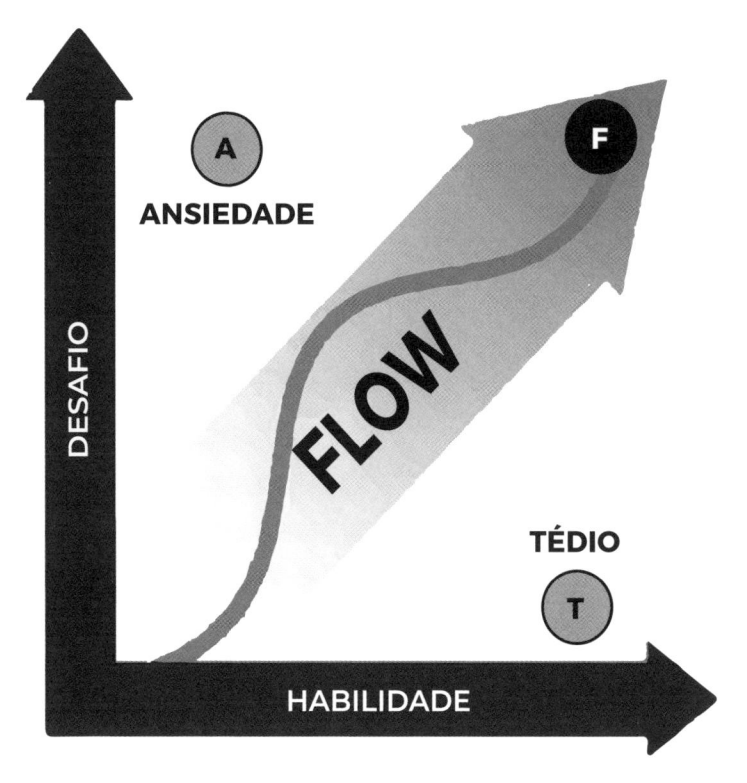

Figura 2. Estado de *flow* a partir de níveis de desafios e habilidades distintos

Vamos, então, montar um plano de ação para substituir seus velhos hábitos por novos (que você tenha alta habilidade e representem maior desafio), mantendo as sensações que os antigos hábitos lhe traziam.

QUADRO 6. Plano de ação para substituir velhos hábitos

Velho hábito (detonador de tempo)	1.
	2.
	3.
	4.
	5.
Novo hábito	1.
	2.
	3.
	4.
	5.
Como substituir?	1.
	2.
	3.
	4.
	5.
Quando?	1.
	2.
	3.
	4.
	5.
Por quê?	1.
	2.
	3.
	4.
	5.

Neste momento, já demos grandes passos ao encontro do gerenciamento do nosso tempo. Identificamos os grandes vilões do tempo e já sabemos como substituí-los em nossa rotina.

Com isso, acabamos com a velha máxima de "não tenho tempo para nada". Na realidade, não usamos o tempo que temos com o foco necessário no que queremos ou no que nos faz bem. Foco é a concentração em seu objetivo. O que nos falta, portanto, é foco e prioridade de ações e atividades.

Com o foco reajustado, teremos agora mais tempo para ir em busca de nossos sonhos e objetivos. Mãos à obra!

Agora que entendemos como funciona nosso estoque de tempo e assumimos nossa responsabilidade em manejá-lo a favor de nossos objetivos, vamos definir nossas metas...

CAPÍTULO 4

CRIANDO SONHOS

"Há uma coisa engraçada sobre a vida: se se recusar a aceitar qualquer coisa que não seja a melhor, você muitas vezes a conseguirá."

W. SOMERSET MAUGHAM

Sonhar é um treino

Criar sonhos vai além de planos materiais. Nosso objetivo aqui será treinar seu cérebro para ganhar produtividade, ter mais tempo e aprender a priorizar. Tudo é treino!

Para desenvolvermos musculatura, treinamos e treinamos na academia. Mas quando se trata de desenvolver nossa mente ou boas rotinas de tempo, desejamos que seja da noite para o dia... Precisamos treinar nosso cérebro também. E incluir foco e planejamento em nossas rotinas também faz parte do treinamento.

As últimas páginas deste livro irão ajudar neste treino de sua mente, em busca de maior foco em seus objetivos, e na melhor gestão de seu tempo, em busca de suas metas e seus sonhos. Sua dedicação irá lhe garantir resultados e aproximar você de seus sonhos!

Sonhar é criar tudo aquilo que nos leva à nossa satisfação e alegria! Mas, infelizmente, só uma pequena parte das pessoas vive, de fato, a vida de seus sonhos. Para isso, é preciso esforço e ação firme.

Lembre-se de onde você coloca foco, dedicação, tempo, energia e – atenção! – obtém resultados.

O que precisamos, com o amparo dos exercícios que fizemos e faremos nas próximas páginas, é descobrir o que nos traz essa satisfação. Sabendo disso, conseguiremos definir nossa vida do sonho e efetivamente vivê-la.

Normalmente, a falta de gerenciamento do nosso tempo e a maneira como o desperdiçamos fazem com que sigamos a letra da música de Zeca Pagodinho: "Deixa a vida me levar. Vida leva eu...".

Mas para onde ela irá nos levar? Será que nossas ações têm nos levado aonde desejamos chegar? Como anda sua satisfação com cada área da sua vida?

Para mapear onde estamos e aonde queremos chegar, vamos começar "desenhando" nossa vida.

Usaremos a "Roda da vida" (Figura 3) para isso. Em cada "fatia da pizza" de sua roda da vida, pinte o espaço correspondente ao seu nível de satisfação. (Nas páginas seguintes à roda, estão disponibilizadas perguntas que ajudarão você a analisar cada uma dessas áreas).

Reflita: de 0 a 10, como anda sua satisfação com essas diferentes áreas de sua vida, sendo 0 para "nada satisfeito" e 10 para "completamente satisfeito"?

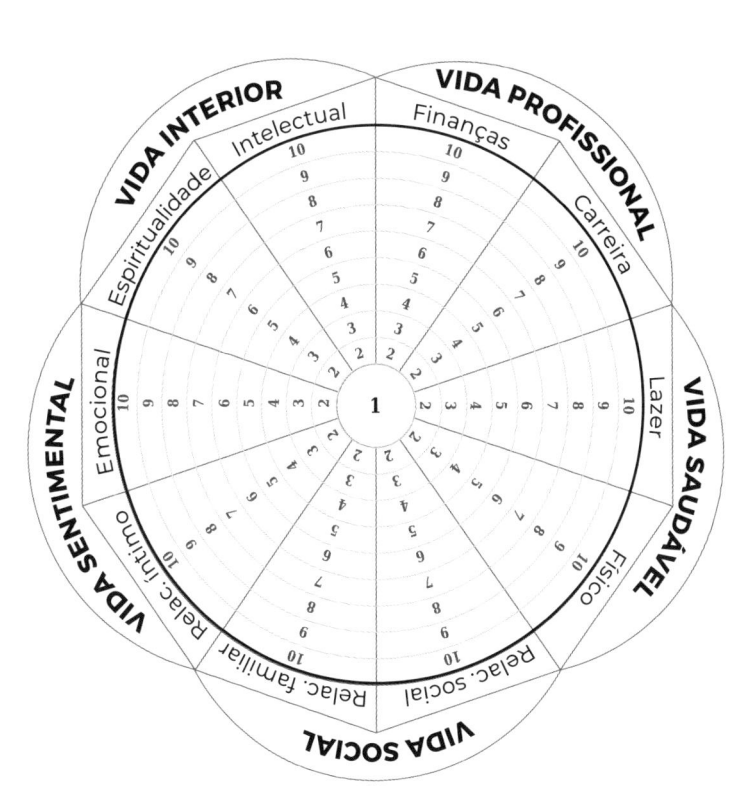

Figura 3. Roda da vida

Aqui estão algumas perguntas para ajudar a refletir sobre seu grau de satisfação em cada área de sua roda da vida:

Finanças. Você se sente pleno(a) e satisfeito(a) com suas finanças? Aqui não tem a ver com quanto você recebe por seu serviço, mas com o montante que você gasta e o que sobra para suas necessidades, lazer etc. Você se relaciona bem com o dinheiro ou ele é fonte de ansiedade e estresse? Você lida facilmente com o assunto ou o evita e ignora? Reflita sobre o seu real grau de satisfação com suas finanças.

Carreira. O quanto você se sente satisfeito(a) com seu lado profissional? Com as atividades que realiza em seu dia a dia? Você está onde gostaria de estar profissionalmente? Faz algo pelo autodesenvolvimento profissional/por sua carreira? Reflita sobre seu nível de satisfação com sua carreira e as atividades que pratica em seu dia a dia.

Lazer. Você se sente pleno(a) e satisfeito(a) com suas atividades de lazer? Essas atividades são capazes de recarregar sua bateria? Seu lazer é para você ou para o companheiro(a), filho(a), pais? Você consegue separar seu lazer da sua vida familiar e do trabalho ou afirma que seu próprio trabalho é seu lazer? Reflita sobre o seu real grau de satisfação com suas atividades de lazer.

Físico. Como está sua satisfação com seu desempenho físico? Com seu cuidado com seu corpo, sua alimentação e as atividades físicas que pratica? Você está como gostaria de estar? Reflita sobre seu nível de satisfação com seu desempenho físico e as atividades que pratica em seu dia a dia.

Relacionamento social. Você se sente pleno(a) e satisfeito(a) com o relacionamento com seus amigos? Como é o relacionamento com seus colegas de trabalho e com as pessoas com as quais convive? Você se sente confortável com esses encontros? Reflita sobre o seu grau de satisfação com seus relacionamentos sociais.

Relacionamento familiar. Você se sente pleno(a) e satisfeito(a) com o relacionamento com seus familiares? Pais, filhos, tios, primos, irmãos? Como é o relacionamento com sua família? Você se sente confortável com esses encontros? Reflita sobre o seu grau de satisfação com seu relacionamento familiar.

Relacionamento íntimo. Se está casado(a) ou em um relacionamento sério, o quanto se sente preenchido(a) por essa relação? Você se sente pleno(a) e satisfeito(a)? Seu relacionamento lhe traz mais paz, alegria e plenitude ou mais estresse e desavenças? Se estiver solteiro(a), está satisfeito(a) com isso? Tem realizado ações que o(a) coloquem no caminho de encontrar alguém realmente especial? Valoriza-se o suficiente para receber a melhor pessoa ao seu lado ou aceita qualquer uma que possa surgir? Reflita sobre o seu grau de satisfação com seu relacionamento íntimo.

Emocional. O quanto você se sente satisfeito(a) com seu controle emocional? Diante das adversidades do dia a dia, você reage de maneira pensada e controlada? Naquela fechada no trânsito, você perde o controle ou consegue continuar seu dia de maneira harmônica? Reflita sobre seu nível de satisfação com seu controle emocional durante o dia a dia.

Espiritualidade/crenças. Como está sua satisfação com sua conexão com Deus ou com o Universo? Independentemente de ter ou não uma religião, reflita se os pensamentos e ditados que você acredita limitam ou possibilitam que você chegue mais perto de seus objetivos. Por exemplo: você acredita que dinheiro é sujo? Que pessoas ricas não vão para o céu? Que ninguém presta?

Intelectual. O quanto você se sente satisfeito(a) com sua busca por novos conhecimentos? Com os cursos e as leituras que tem feito? Você está onde gostaria de estar em seu desenvolvimento intelectual? Reflita sobre seu nível de satisfação com seu nível intelectual.

A Figura 4 mostra um modelo de roda preenchida.

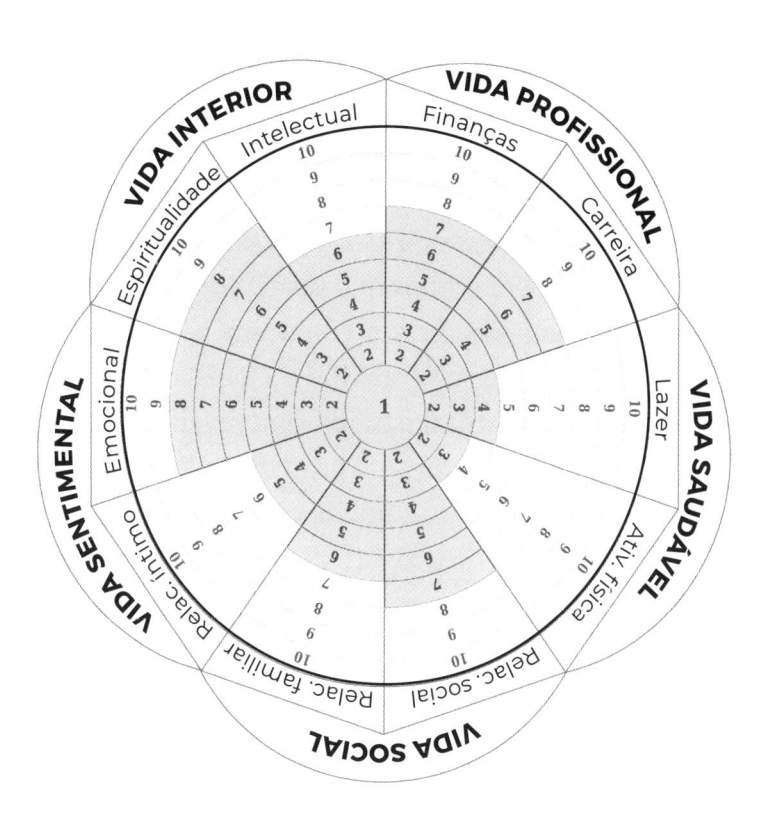

Figura 4. Roda da vida preenchida

Tendo refletido sobre cada um dos pontos e preenchido sua roda da vida com seu grau de satisfação em cada área, observe o desenho formado pelos níveis satisfeitos (áreas pintadas em sua roda da vida). O ideal é que a roda que pintou se aproxime o máximo possível de um círculo.

Grandes "dentes" ou desníveis nos mostram que áreas com baixa satisfação andam precisando de sua atenção. E se o foco e a dedicação necessários não forem rapidamente aplicados, essa área acabará por levar as demais para um baixo nível de satisfação também. E é nesse momento que ouvimos afirmações como: "Parece que nada vai pra frente em minha vida..."; é quando ouvimos que casais com problemas no relacionamento íntimo começam a apresentar também problemas no trabalho ou vice-versa.

A tendência natural da vida será nivelar todas as áreas da vida para o mesmo grau de satisfação, tendendo a cair em nossa zona de conforto, que acaba por nivelar o grau de satisfação para o nível inferior de nossa roda nas diferentes áreas.

Sabendo disso, pensemos nos casos opostos: pessoas que têm tempo e energia voltados para todas as áreas costumam ser mais felizes, satisfeitas e cheias de resultados em todos os segmentos.

Com isso, já temos um indício do que fazer!

Se uma área está baixa em sua Roda da Vida, é porque falta foco, tempo, ação, dedicação ou energia.

Importante ressaltar que, para uma vida mais plena e realizada em todos os aspectos, o ideal seria obter uma roda verdadeiramente equilibrada em todas as áreas.

Mas o que normalmente acontece é termos uma área mais bem-sucedida que a outra justamente pelo foco e pela atenção que damos a essas áreas mais bem resolvidas. Mas isso também é prejudicial, pois se tentarmos "girar" essa roda de nossa vida, vemos que ela fica estagnada em uma determinada área, naquela mais deficitária, que literalmente impede que as outras áreas possam girar como em um círculo (Figura 5).

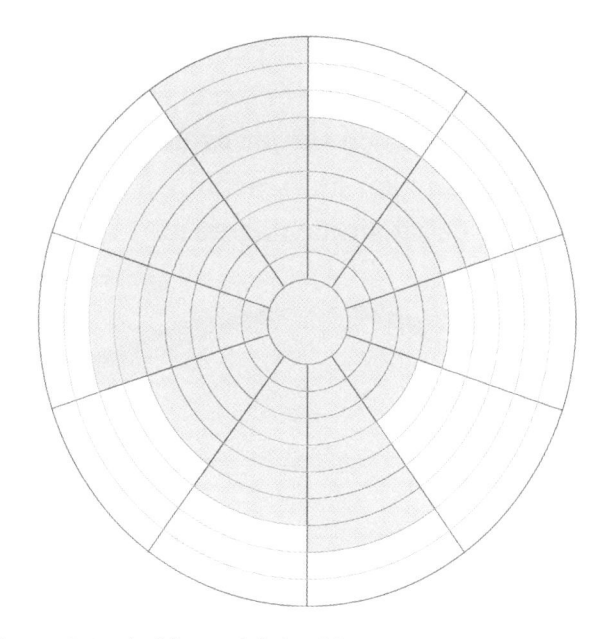

Figura 5. Roda "dentada" da vida – pontos de estagnação

Sua vida não flui, não gira, até que todas as áreas estejam harmonizadas.

O problema é que se não dermos foco e atenção às áreas que estão necessitadas, a tendência é que a satisfação nas outras áreas também diminua. Para que todas tenham o mesmo grau de satisfação, o mesmo "tamanho" e, dessa maneira, sua vida volte a girar, é preciso ter equilíbrio.

Portanto, se não buscarmos melhorar as áreas necessárias, dando-lhes atenção e tendo ações efetivas para que se ampliem, a tendência é ficarmos cada vez mais insatisfeitos e desmotivados.

Então precisamos agir de maneira contrária: ampliando nossa satisfação em *todas* as áreas, principalmente nas áreas de menor satisfação, para que todas possam ampliar juntamente, e a roda gire em um nível alto de satisfação (Figura 6).

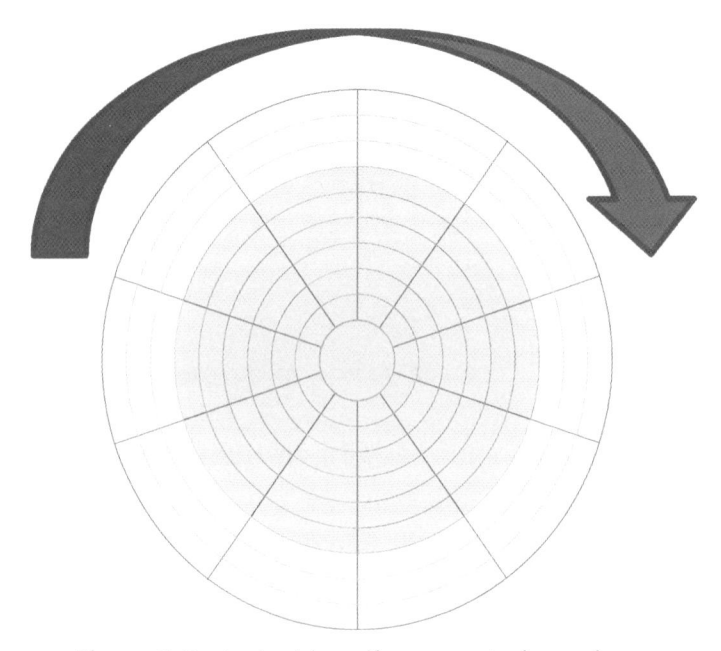

Figura 6. Roda da vida uniforme em todas as áreas, na qual a vida pode "fluir" facilmente

Dessa maneira, quando planejarmos nossa agenda com as atividades diárias, lembre-se de colocar atividades relacionadas a todas as áreas de sua vida.

Afinal, se vivêssemos só de trabalho, não precisaríamos de horas de descanso ou de fins de semana para realizar outras atividades, certo?

Sendo assim, pensando isoladamente em cada uma dessas dez áreas, reflita se você quer abrir mão de alguma e veja a importância de mantermos o foco em todas elas.

A área que você focar é a que vai evoluir, crescer e gerar satisfação!

Para solucionar mais rapidamente o nivelamento de sua roda da vida, sugiro começar focando e ampliando o tempo dedicado na área que obteve pontuação mais baixa. Essa será sua área-foco.

Para facilitar, seguem alguns exemplos de como melhorar cada uma das áreas-foco:

- **Finanças.** Para melhorar sua satisfação com as finanças, vale pensar em atividades que possam gerar uma renda extra. Talvez algo que você faça bem e possa ensinar aos demais seja uma boa opção.
- **Carreira.** Se estiver trabalhando, vale pensar no quanto seus valores pessoais estão alinhados com os valores de onde trabalha e na maneira como você os enxerga. Às vezes, ajustar a

maneira como você vê as situações pode melhorar sua satisfação. Se não estiver trabalhando no momento, essa é uma ótima fase para repensar o que efetivamente quer fazer e dedicar tempo e ação para isso.

Lazer. Atividades que façam você se sentir bem e ajudam a melhorar este aspecto. Aqui vale aumentar o tempo dedicado ao que mais lhe dá prazer: cinema, teatro, um hobby, atividades ao ar livre, esportes, brincar com animais ou crianças, viajar, acampar etc.

Físico. Para melhorar a satisfação com seu físico, vale contar com uma alimentação balanceada, exercícios e atividades que tragam saúde para sua mente e seu corpo.

Relacionamento social. Para melhorar este quesito, reúna amigos em atividades que os agradem, conheça verdadeiramente seus colegas, no trabalho ou fora dele. Coloque-se à disposição para ouvir e conversar.

Relacionamento familiar. Para melhorar o relacionamento familiar, busque momentos que possam promover a união da família, deixe de lado as picuinhas, dedique tempo de qualidade para sua família. Surpreenda-a com menos "pé atrás" e mais dedicação e intenção de mudança positiva.

Relacionamento íntimo. Para melhorar a satisfação em seu relacionamento íntimo, vale buscar entender seu(ua) parceiro(a) e estimulá-lo(a) como ele(a) gosta de ser estimulado(a). Lembrar do que fez vocês se apaixonarem no início e reviver alguns momentos. Na ausência de parceiro(a), vale investir tempo em se tornar a melhor pessoa que poderia ser para você, frequentar lugares que o(a) agradem e se permitir conhecer novas pessoas.

Emocional. Aqui, tratamos de sua estabilidade emocional. Se ainda não sente que tem controle sobre suas emoções e reações, vale dedicar tempo a atividades que envolvam meditação, respiração, sessões terapêuticas ou tudo o que lhe trouxer estabilidade emocional.

Espiritualidade ou crenças. Para ampliar seu bem-estar nesta área, aproveite para ampliar seu tempo em tudo o que mantém você mais conectado(a). Pode ser oração, meditação, caminhar pela natureza, frequentar uma religião ou qualquer atividade que lhe traga paz.

Intelectual. Para sentir-se intelectualmente mais satisfeito(a), vale dedicar seu tempo em cursos, palestras, leituras edificantes, programas que agreguem ou qualquer atividade que amplie a sensação de bem-estar nessa área.

Lembre-se: caso algumas dessas áreas não faça sentido para você neste momento e se estiver satisfeito com isso, pode considerá-la como "10".

Pensando ainda em sua área-foco, reflita sobre as causas que geraram problemas nessa área. Mapeie o que poderia fazer de diferente para obter resultados diferentes.

Defina ações para alcançar os resultados desejados. Siga o modelo da página a seguir.

Defina como poderá medir os resultados alcançados de tempo em tempo.

Corrija a rota caso os resultados não sejam atingidos conforme o esperado.

Para correção da rota, avalie os pontos problemáticos e proponha um plano para resolvê-los.

Para essas ações, precisaremos de foco, coragem, paciência e persistência.

Você tem foco e persistência para realizar o seu sonho ou ainda permite que a sociedade o(a) limite?

Lembre-se de que talvez o tempo que dedica a pequenos prazeres impeça que você tenha tempo para se dedicar a grandes realizações, que lhe trarão resultados mais duradouros e satisfatórios.

QUADRO 7. Modelo para alcançar resultados

Problemas	1.
	2.
	3.
	4.
	5.
Causas	1.
	2.
	3.
	4.
	5.
Como mudar?	1.
	2.
	3.
	4.
	5.
Como perceber a mudança?	1.
	2.
	3.
	4.
	5.

CAPÍTULO 5

DEFININDO METAS

"Quando a meta é audaciosa, ela impõe soluções criativas e audaciosas. Quando a meta é tímida, as soluções são tímidas. Metas audaciosas impõem mudanças revolucionárias."

VICENTE FALCONI

Metas

Já dizia Lewis Carroll, em *Alice no País das Maravilhas*: "se não sabe aonde quer ir, qualquer caminho serve."

Gerenciar é atingir metas. Não existe gerenciamento sem metas. Nem metas sem gerenciamento. Portanto, tenha metas e objetivos bem definidos.

Tudo o que fizer deve ser focado nessas metas. Durante seu dia, tenha atividades que ajudem a alcançá-las. Todo o restante será desperdício de tempo.

Para um bom nível de atingimento de metas, primeiro é importante focarmos algumas estruturas de comportamentos.

Como falamos anteriormente, tudo é treino!!! E esta é uma parte importante para treinarmos: nossos pensamentos e comportamentos!

Adote uma atitude voltada para *resultados*, e não para *problemas*. Descubra o que você quer, os recursos que possui e use-os para atingir os resultados desejados. O pensamento ideal é: *o que posso fazer para resolver?*

Foco é força, e se tivermos foco nos problemas, estes serão fortalecidos. Para fortalecer as soluções, o seu foco deve estar nelas!

Perceba a oposição entre *feedback* e *fracasso*. Perceber que algo não está "dando certo" pode ser uma grande oportunidade de mudar o rumo e fazer diferente para alcançar resultados melhores.

Assuma seus *resultados*! Para grandes resultados, não adianta se comportar como vítima. As mudanças acontecem quando você se responsabiliza e toma as *ações* necessárias.

Para ter sucesso na vida, uma pessoa ou empresa precisa ter em mente três coisas:

1) Estabelecer com clareza aonde quer chegar.
2) Estar alerta e receptiva para observar o que está conseguindo.
3) Ter flexibilidade para continuar mudando até conseguir o que quer.

Como falamos no início, o objetivo deste livro é que você aprenda a gerenciar seu tempo de maneira que libere tempo de sua rotina para percorrer suas metas. Para isso, é hora de definir quais serão suas metas. Usaremos a estratégia da "Boa Formulação de Metas".

A seguir, você encontrará dez passos para formular uma boa meta. Siga cada uma dessas orientações na hora de defini-la.

1. Utilize metas escritas

Escrever suas metas é o primeiro passo que lhe permitirá trabalhar sobre elas. Não as deixe apenas em seus pensamentos. Segundo o dr. Gail Matthews, escrever os objetivos aumenta em 39,5% a chance de conquistá-los. Mais do que isso: compartilhar esses objetivos e progressos com amigos e pessoas próximas aumenta seu engajamento, e esse percentual cresce para 76,7%.[*]

2. Faça metas afirmativas

O objetivo deve ser formulado no positivo, usando verbos de ação, indicando o que você quer! Por exemplo, uma meta negativa, do tipo "Eu não vou comer demais", cria um ensaio mental desse comportamento e você acabará tendo um resultado contrário ao desejado. Melhor seria: "Eu vou comer um prato por refeição, que será composto de...".

---

[*] Apud KELLER, G.; PAPASAN, J. *A única coisa*: o foco pode trazer resultados extraordinários para sua vida. São Paulo: Figurati, 2014.

3. Encontre sua real motivação para cada meta

Metas são baseadas em listas, portanto são lógicas e ativam o lado esquerdo do cérebro. Mas o combustível para alcançá-las vem do lado direito (emocional). Desta maneira, precisamos criar uma conexão emocional com nossas metas. Para cada uma, perceba por que ela é tão importante para você. Busque o sentimento mais forte que puder alcançar e mantenha-o sempre em mente. Para que continue firme em sua meta diante de obstáculos, deseje sua meta verdadeiramente! De 0 a 10, quanto está apaixonado e empolgado com sua meta? O que precisa acontecer para virar 10?

4. Use metas centralizadas em você

Os objetivos devem ser sempre controlados pelo indivíduo. Eles serão de sua responsabilidade. Não culpe os outros ou as circunstâncias se você poderia ter agido diferente frente às situações. Você pode delegar tarefas, mas a responsabilidade final e os objetivos são seus! Decida o que irá fazer e, mais do que isso, decida o que *não* irá fazer.

5. Atente-se para a temporalidade

É necessário estabelecer um limite de tempo (data) para atingir seu objetivo.

6. Adote metas mensuráveis e minuciosas

Defina: *quanto, quem, onde, o que, como*. Especifique e detalhe minuciosamente. Por exemplo: "Eu quero ter dinheiro!"; isso não é meta, pois R$ 1,00 já é dinheiro! Melhor seria: "Vou juntar R$ 50 mil até DD/MM/AAAA". Nesta etapa, vale investir tempo para criar. Descreva sua meta com a maior quantidade de detalhes possíveis. Por exemplo: deseja um novo apartamento? Em qual bairro? Qual a metragem? Quantos quartos? Quantas vagas? Com varanda? Como deve ser o prédio? Novo ou usado? Com muitas janelas? É bem iluminado? Como você se sente nesse ambiente? O que ouvirá quando estiver morando nele? Qual será o cheiro predominante? Construir essa imagem mental, usando todos os seus sentidos, aproxima você da realização. Aproveite esta ferramenta! Visualize e sinta diariamente essa meta como se já a tivesse alcançado.

7. Tenha metas realistas e desafiadoras

Uma meta difícil trará ainda mais prazer à sua conquista. Uma meta impossível é apenas perda de tempo. Portanto, trace uma meta que seja estimulante e totalmente possível de ser alcançada para obter resultados extraordinários!

8. Faça sempre feedback/acompanhamento

Realize feedback constante (a cada noventa dias no máximo) para analisar o resultado alcançado até o momento, verificar se muda a estratégia ou se deve permanecer com o mesmo foco. Busque evidências. O cumprimento de uma meta depende da capacidade que se tem de acompanhar seu progresso e mudar a execução se necessário.

9. Pratique a compartimentalização

Atenção: esta dica será muito usada nas próximas páginas!

Fatie problemas para solucioná-los! Divida grandes metas em menores para tornar mais viável sua realização, para que possamos comemorar e vivenciar mais rapidamente cada conquista e para gerar maior estímulo. Quebre tarefas complexas a fim de transformá-las em tarefas simples e executáveis. Por exemplo, se deseja comprar um apartamento em dois anos, defina quanto precisa poupar por mês a cada um dos 24 meses. E, então, determine quanto precisa poupar por semana e foque as ações semanais para acumular esse montante a cada semana. Cumpra as ações semana a semana para encontrar resultados mês a mês.

10. Viva! Sinta! Comemore!

Comemore cada resultado alcançado. Durante todo o processo, sinta a emoção de já ter alcançado seu objetivo! Comemore sua realização; ela é fruto de seu esforço!

Mãos à obra!

Para formular suas metas, seguindo as orientações anteriores, reflita sobre:

- O que deseja obter.
- Como deseja estar.
- Quem deseja ser.

E, antes de descrever suas metas, vamos refletir por que ainda não as realizou até agora.

Reflita sobre os problemas que limitaram você a alcançar a meta até hoje.

Defina as causas dos problemas por meio dos "cinco porquês" (Por que não realizei? Por que isso aconteceu? Por que chegou a esse ponto?, e assim por diante). Pergunte pelo menos cinco porquês antes de chegar à causa-raiz do problema.

Para cada causa importante, estabeleça ações para resolver e que permitirão alcançar as metas desta vez!

Se focarmos muitas metas ao mesmo tempo, não conseguiremos dar o foco necessário a cada uma delas. Então, trabalharemos inicialmente com três metas, no máximo. Assim, poderemos focar toda a energia na realização destas. E isso trará mais satisfação na criação deste novo hábito de alcançar metas.

Então, com base no passo a passo visto anteriormente, defina essas suas metas:

1. _____
2. _____
3. _____

Agora, vamos estipular os prazos para alcançar cada uma. Em seguida, planejar como atingiremos, dividindo cada etapa que será necessária para alcançar essas metas mês a mês e, depois, em semanas (conforme a etapa nove, de compartimentalização). Utilize o seguinte modelo:

QUADRO 8. Definição de metas

	Meta	Prazo
1		
2		
3		

A seguir, você encontrará uma tabela-modelo para utilizar, preenchendo as submetas/etapas que deve realizar para alcançar cada meta, e marcando com um "X" o planejamento de qual mês realizará cada uma dessas metas.

QUADRO 9. Planejamento de metas

Meta (1/2/3)	Etapas para atingimento da meta (atividades a cumprir; submetas)	JANEIRO	FEVEREIRO	MARÇO	ABRIL	MAIO	JUNHO	JULHO	AGOSTO	SETEMBRO	OUTUBRO	NOVEMBRO	DEZEMBRO

Como preencher: na coluna 1, indique a meta a que se refere; na coluna 2, descreva as etapas que levarão você a alcançar sua meta; nas colunas seguintes, marque com um "X" em qual mês tomará essa ação.

Preencha as atividades que realizará a cada semana para alcançar as metas do mês. São essas ações semanais que incluiremos em nossa agenda para trabalharmos rotineiramente no alcance de nossas metas. A seguir, você encontrará doze tabelas para definir as ações a serem tomadas em cada um dos próximos doze meses.

Para esse planejamento mensal, você encontrará, ao fim do livro, um *planner* que contém tanto o planejamento semanal quanto o mensal. Utilize-os durante os 12 meses do ano!

Para utilizar o planejamento mensal, preencha, na coluna 1, o mês a que se refere; na coluna 2, especifique a qual das metas criadas essa ação faz referência; na coluna 3, descreva minuciosamente a atividade a ser cumprida. Nas colunas seguintes, marque com um "X" em qual semana tomará essa ação.

Por que algumas pessoas conseguem resultados fabulosos enquanto outras ficam sempre no "quase"?

Porque elas têm ação!

Se o plano de ação é bom e é executado, as metas são atingidas.

Se o plano de ação é bom, mas não é executado, a meta não será atingida.

Habilidade sem ação é *nula*! Ter habilidades e não as colocar em prática é um desperdício!

Pessoas bem-sucedidas têm habilidade de *agir* e tentar de novo, de novo e de novo, até alcançarem os resultados desejados.

Foco na ação! Foco em cada tarefa!

Quanto mais tempo nos dividirmos entre ações diferentes, maior o tempo disperso e menor a possibilidade de retomarmos à tarefa inicial.

Fazer muitas coisas ao mesmo tempo nos faz perder tempo. Quando retomarmos, teremos que perder tempo novamente para o raciocínio inicial.

É simples: ao passarmos por uma cirurgia, queremos foco total do cirurgião, mas não damos foco total ao nosso serviço. Desvalorizamos, assim, nosso trabalho, a nós mesmos e ao nosso tempo.

CAPÍTULO 6

FERRAMENTAS DE GESTÃO DO TEMPO

"Podemos vender nosso tempo, mas não podemos comprá-lo de volta."

AUTOR DESCONHECIDO

Gerenciando seu tempo

Segundo Christian Barbosa, em seu livro *A tríade do tempo*, gestão do tempo é "a habilidade de fazer escolhas".* E acredito que essa é uma das melhores definições que já li a respeito.

Sendo assim, considerando as reflexões que tivemos até o momento neste livro – o que verdadeiramente queremos para nossa vida e o que é, de fato, importante –, devemos fazer as melhores escolhas sobre como investir nosso tempo para que possamos alcançar os resultados desejados.

Para mudar sua vida, mude a forma como investe seu bem mais precioso: seu tempo.

O tempo passará de qualquer forma. Então você deve aproveitá-lo e conduzi-lo de modo a realizar seus objetivos, aproveitando cada momento para ter ações focadas em seus objetivos e que aproximem

---

* BARBOSA, C. *A tríade do tempo*. São Paulo: Buzz Editora, 2018.

você de suas metas. Caso contrário, a sensação de que o tempo voa será cada vez maior!

Todo dia, você recebe um presente de Deus, com 1.440 minutos, e você precisa utilizá-lo da melhor maneira possível, dividindo entre sua vida pessoal e profissional. A verdadeira produtividade só chega com o equilíbrio de todas as áreas.

Como você tem investido esse presente?

O hoje é o único dia que você pode entrar em ação!

> *"Uma jornada de mil quilômetros começa com um único passo."*
> PROVÉRBIO CHINÊS

Preparando o terreno

É absolutamente normal que, antes de gerir nossa rotina, tenhamos inúmeras tarefas que poderíamos começar a recusar ou delegar a outras pessoas.

Observe sua rotina durante, pelo menos, uma semana, e procure anotar tudo o que fizer.

Quantas atividades você realizou que realmente fizeram a diferença e trouxeram resultados para sua vida profissional ou pessoal?

No último mês, quanto tempo foi dedicado a "apagar incêndios"?

Quantas vezes precisou adiar compromissos ou sair mais tarde do trabalho para concluir tarefas urgentes?

Na última semana, quantas vezes você utilizou seu tempo em atividades que nada têm a ver com seus objetivos ou que não eram urgentes?

Quantas vezes você jogou tempo fora?

Quanto custa seu tempo? Quantas mensagens inúteis, correntes ou sites "não recomendados" você viu ou encaminhou?

Liste as coisas que mais tiram sua atenção durante o dia... O que fará a respeito?

Aproveite este momento para olhar novamente o mapeamento de sua rotina, feito no terceiro capítulo.

Certamente, nessa semana de observação, você notará que fez atividades que:

- Não trouxeram nenhum tipo de benefício ou satisfação.
- Não trouxeram nenhum tipo de resultado.
- Não aproximaram você do seu objetivo, provavelmente até afastaram você dele.

Se alguma ação se aproximou dessas descrições, essa é a hora de deletar, de parar de realizar essa atividade. E uma das melhores ferramentas para isso é dizer não!

A arte do não

Diga "não" a tudo que tire o seu foco no que precisa fazer para você e para seus objetivos.

Você pode indicar outras pessoas para fazerem as tarefas que lhe atribuem.

Seja sincero e firme em seu posicionamento do "não".

Não assuma mais compromissos do que você pode. Isso é cortês e admirável!

Não aceite chantagens do tipo: "Só você consegue", "Não me desaponte", "Tenho certeza de que fará isso por mim.".

Use a máxima: "Não para fora e sim para você".

"Agora não.". Você pode até fazer depois, mas agora fará o que é mais importante para você!

Certamente, há outras atividades que são importantes e trarão resultados, mas não precisam necessariamente serem realizadas por você.

Você pode delegar ou treinar alguém para fazê-las e aproveitar seu tempo com ações que necessariamente precisem ser realizadas por você.

Para delegar ou treinar

A responsabilidade da tarefa continua sendo sua!

Defina o que pode ou não ser delegado.

Delegue apenas para uma pessoa específica e defina seu nível de autoridade sobre a tarefa. Repasse o conhecimento e, em seguida, explique como fazer na prática.

Ao delegar, cheque o entendimento à explicação da tarefa e alinhe expectativas.

Quando consegue entregar? Anote e faça *follow-up* dois dias antes para garantir a execução.

Estabeleça metas.

Monitore.

Agora, já *deletamos* de nossa rotina o que não apresentava resultados e *delegamos* o que poderia ser realizado por outras pessoas.

Nossa agenda estará mais disponível para realizarmos o que nos propusermos em nossas metas.

Vamos, então, às ferramentas para gerir seu tempo.

Organização

Organizar seus objetos fará com que perca menos tempo para encontrá-los, além de criar uma linha de raciocínio e permitir que gaste menos tempo no seu planejamento ou em atividades rotineiras.

Vivendo em uma casa ou escritório organizados, seus hábitos serão formulados de uma maneira mais lógica e rápida, e certamente você ganhará tempo em seu dia.

A primeira coisa a fazer será eliminar o que não usa. Isso vale para roupas, objetos, papéis, lembranças...

Agora, temos apenas o que é necessário. Seja em casa ou no escritório. Precisamos então organizar!

Organize de maneira que seja prática para sua rotina, permitindo que você encontre os objetos com facilidade e evitando que gaste tempo pensando no "que" ou "como" fazer.

Padronizar também será importante. Padronize a maneira de organizar e limpar seus ambientes. Adesive, etiquete, crie um mecanismo para guardar as coisas. Seja por cores, utilidade ou função.

Aproveite o momento para padronizar suas atividades no escritório, por exemplo. Se tiver um modelo de e-mail usado para situações-padrão, ganhará tempo na elaboração de cada resposta.

Mapeie o que pode ser padronizado e aja!

Montando a agenda

Para começarmos sua agenda ou programação semanal, vamos retomar nossas atividades anteriores.

Em primeiro lugar, reveja suas metas e as atividades que fará relacionadas a estas que realizará mês a mês.

Inclua essas atividades (ver Capítulo 5) em sua agenda semanalmente. Elas serão sua prioridade e

– obrigatoriamente! – devem constar em sua programação diária para que possa alcançar seus objetivos.

Com base no Quadro 6 (Capítulo 3), liste os novos hábitos de sua rotina que também serão inseridos em sua agenda.

Ainda neste capítulo, verifique as atividades que fazem você mais feliz, motivando e movendo-o(a). Também será importante acrescentá-las em sua rotina.

Durante a montagem da agenda, diferencie o que é compromisso do que é tarefa:

- Compromissos são ações com hora determinada para começar e acabar. Normalmente, levam uma hora ou mais para serem concluídos. Estes devem, obrigatoriamente, ter horário reservado em sua agenda.
- Tarefas podem ser feitas ao longo de um dia ou uma semana, sem hora certa para começar ou terminar. Faça uma lista das tarefas pendentes (assim você evita perder tempo tentando se lembrar de cada coisa a fazer) e a mantenha sempre por perto. Poderá utilizar qualquer momento livre para ir concluindo essas tarefas.

Lembre: se durante seu dia você não estiver em uma tarefa ou um compromisso, está perdendo tempo! Aja com *foco* e *prioridade* naquilo é mais importante.

Para uma vida feliz e com resultados, você precisa de planejamento e foco! Se desejar alcançar o que se predispôs, mantenha a disciplina no cumprimento de sua agenda.

> **DICAS SOBRE A MONTAGEM DA AGENDA**
> - Coloque, a cada dia, uma ação mais importante, aquela que não pode deixar de fazer sob qualquer circunstância. E dedique todo o tempo necessário para essa atividade.
> - Alinhe prioridades diariamente.
> - Gary Keller e Jay Papasan sugerem que você crie sua lista de tarefas e, desta, separe as atividades mais relevantes e importantes para sua lista de sucesso! Essa lista de sucesso deve ter apenas o que é imprescindível para suas metas e ser capaz de tornar o restante das atividades mais simples ou desnecessárias.*
> - Utilize o "Pareto 80/20" para ajudá-lo(a) nessa missão. Observe que 20% de suas ações podem ser responsáveis por 80% de seu sucesso. Então foque mais essas ações. Mapeie quais são elas.
> - Foque a tarefa mais importante do dia. Isso será sempre a coisa mais inteligente a se fazer.
> - Enquanto estiver focado(a) em uma tarefa, desligue-se de todas as interrupções possíveis (telefone, aplicativos, mensagens, e-mails). Sua atividade é o mais importante e merece todo seu foco e sua atenção!

---

* KELLER, G.; PAPASAN, J. *A única coisa*: o foco pode trazer resultados extraordinários para sua vida. São Paulo: Figurati, 2014.

Vamos à prática:

1. Primeiro, insira seus compromissos rotineiros. Depois, aqueles com hora marcada.
2. Selecione as etapas a serem seguidas para cada uma de suas metas (definidas no Capítulo 5), as que focará nesta semana, e anote as ações dia a dia em sua agenda.
3. Para atividades de longa duração, divida-as em atividades menores. Defina o tempo necessário para cada uma de suas atividades mais importantes e, somente depois disso, divida o tempo restante para as outras tarefas.
4. Separe um tempo específico para sua organização pessoal, como checar mensagens, e-mails etc.
5. Insira atividades de sua nova rotina e as atividades que lhe trarão lazer, prazer e bem-estar.
6. Ao terminar o planejamento de sua semana, retome suas metas e as da empresa. As atividades relacionadas a essas metas obrigatoriamente devem ser contempladas em seu planejamento mensal e semanal.

Certifique-se de que sua rotina e seu planejamento para a semana o(a) aproximarão da realização de suas metas.

Reflita sobre isso e planeje sua agenda e a realização de seus sonhos!

É normal que nas primeiras semanas tenhamos dificuldade em nos adequarmos à nova rotina. Mas lembre-se da satisfação que terá com seus objetivos atingidos e guarde isso como sua arma de motivação.

Alguns lembretes também são importantes para esta fase:

- O que é *importante*, se for realizado no momento certo, não será *urgente* (que deve ser feito imediatamente, com riscos de gerar problemas se mal executado). Portanto obedeça a importância de suas prioridades e não adie!
- E como saber o que é importante? Simples: o que produz resultado significativo para você e normalmente causa prazer. Por isso, não exige pressa, mas comprometimento e dedicação. Se estivermos muito ocupados com urgências e situações, nós nos esquecemos do mais importante, como lazer, exercícios, dedicação a clientes, atenção para a esposa, carinho para o esposo, brincar com filhos, sorrir, orar, ajudar o próximo...
- Não adiar tarefas gera mais tempo futuro e aumenta sua produtividade no presente.

Uma prática que gosto de realizar, e acredito que possa lhe trazer resultados também, é, à noite, imaginar como será meu dia seguinte, pensando em tudo que realizarei e nos resultados que terei com isso. Isso me ajuda a imaginar se é factível e como posso ajustar minha agenda para otimizar meu tempo e realizar efetivamente o que foi planejado.

Passada a semana programada, analise o que executou e se eventualmente algo ficou para trás. Verifique, então, onde podem estar os escapes de tempo – as anomalias. Foque em reduzi-las.

Quando existem muitas anomalias, o tempo é consumido para combatê-las, e não para atingir metas.

Reflita: o tempo realmente voa ou você não prioriza as atividades que realmente gostaria de fazer e são importantes para você?

Precisamos planejar!

> *"Se não decides tuas prioridades e o tempo que dedicarás a elas, alguém decidirá por ti."*
> Harvey Mackay

Você é o dono da sua vida, do seu tempo e da sua realidade!

CAPÍTULO 7

A PRÁTICA

*"Seiscentos e Sessenta e Seis
A vida é uns deveres que nós
trouxemos para fazer em casa.
Quando se vê, já são 6 horas
Quando se vê, já é 6ª-feira
Quando se vê,
passaram 60 anos
Agora, é tarde demais
para ser reprovado
E se me dessem – um
dia – uma outra
oportunidade,
eu nem olhava o relógio.
Seguia sempre, sempre
em frente.[...]"*

MARIO QUINTANA

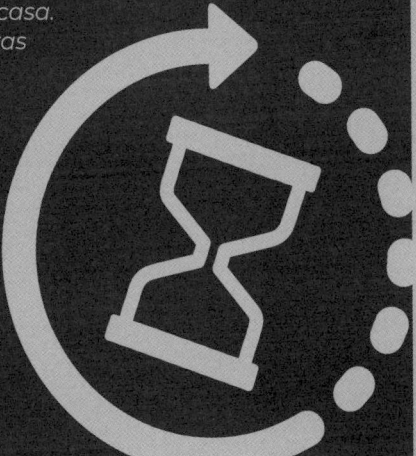

Ação gera resultado

Estabelecemos nossas prioridades, nossos focos, nossas metas. Mas sem ação efetiva sobre estas, nada será alcançado.

Neste capítulo, focaremos, então, a atenção, semana a semana, nas ações que realizaremos para o cumprimento das metas propostas. (Com base nas ações traçadas anteriormente, no Capítulo 4, nos planejamentos anual e mensal.)

Para isso, no campo da ação, descreveremos minuciosamente o que será feito na semana a fim de alcançar a atividade mensal que havia sido proposta no planejamento mensal.

Essa ação faz parte da meta, que foi subdivida em ações menores e que podem ser realizadas na semana, aproximando-nos da meta final.

É importante fazer cada planejamento semanal antes de iniciar a semana. E, no decorrer dela, se precisar fazer algum ajuste, fique à vontade.

Foque a conclusão de todas as atividades propostas e realizadas à sua meta da semana. Adiá-las é postergar suas metas, seus resultados e a vida que planejou.

Baseado em seu momento atual, imagine qual será a principal ação que precisa ser executada na semana seguinte. Aquela que manterá você conectado(a) com seu objetivo mensal e com sua meta anual. Essa será a ação mais importante da semana! Execute-a sem desculpas! Até que essa ação principal seja realizada na semana, todo o restante é distração.

Liste as ações e em qual dia da semana serão realizadas. Após a realização, dê um "ok" na coluna ao lado e comemore/agradeça a você pelo cumprimento da tarefa, permitindo chegar ainda mais perto do seu objetivo.

A gratidão é uma ferramenta poderosíssima, que nos faz estar conectados ao presente e focados em um ambiente positivo e gerador de bons resultados! Aproveitaremos para praticá-la semanalmente, registrando pelo que somos gratos nesta semana, ok?

Você encontrará, a seguir, um planner, com tabelas de planejamento mensal e semanal, contemplando todas as semanas do ano.

Todo grande feito começa com pequenas ações. Mãos à obra!

MÊS 1

DIAS ____

Metas

1.
2.
3.

Meta (1/2/3)	Etapas para atingimento da meta (atividades a cumprir; submetas)	SEMANA 1	SEMANA 2	SEMANA 3	SEMANA 4

SEMANA 1

	Ações	Ok?
Segunda		
Terça		
Quarta		
Quinta		
Sexta		
Sábado		
Domingo		

GRATIDÃO DA SEMANA

SEMANA 2

	Ações	Ok?
Segunda		
Terça		
Quarta		
Quinta		
Sexta		
Sábado		
Domingo		

GRATIDÃO DA SEMANA

SEMANA 3

	Ações	Ok?
Segunda		
Terça		
Quarta		
Quinta		
Sexta		
Sábado		
Domingo		

GRATIDÃO DA SEMANA

SEMANA 4

	Ações	Ok?
Segunda		
Terça		
Quarta		
Quinta		
Sexta		
Sábado		
Domingo		

GRATIDÃO DA SEMANA

Anotações

MÊS 2

DIAS _____

Metas

1.
2.
3.

Meta (1/2/3)	Etapas para atingimento da meta (atividades a cumprir; submetas)	SEMANA 1	SEMANA 2	SEMANA 3	SEMANA 4

SEMANA 1

	Ações	Ok?
Segunda		
Terça		
Quarta		
Quinta		
Sexta		
Sábado		
Domingo		

GRATIDÃO DA SEMANA

SEMANA 2

	Ações	Ok?
Segunda		
Terça		
Quarta		
Quinta		
Sexta		
Sábado		
Domingo		

GRATIDÃO DA SEMANA

SEMANA 3

	Ações	Ok?
Segunda		
Terça		
Quarta		
Quinta		
Sexta		
Sábado		
Domingo		

GRATIDÃO DA SEMANA

SEMANA 4

	Ações	Ok?
Segunda		
Terça		
Quarta		
Quinta		
Sexta		
Sábado		
Domingo		

GRATIDÃO DA SEMANA

Anotações

MÊS 3

DIAS ____

Metas

1.
2.
3.

Meta (1/2/3)	Etapas para atingimento da meta (atividades a cumprir; submetas)	SEMANA 1	SEMANA 2	SEMANA 3	SEMANA 4

SEMANA 1

	Ações	Ok?
Segunda		
Terça		
Quarta		
Quinta		
Sexta		
Sábado		
Domingo		

GRATIDÃO DA SEMANA

SEMANA 2

	Ações	Ok?
Segunda		
Terça		
Quarta		
Quinta		
Sexta		
Sábado		
Domingo		

GRATIDÃO DA SEMANA

S E M A N A 3

	Ações	Ok?
Segunda		
Terça		
Quarta		
Quinta		
Sexta		
Sábado		
Domingo		

GRATIDÃO DA SEMANA

SEMANA 4

	Ações	Ok?
Segunda		
Terça		
Quarta		
Quinta		
Sexta		
Sábado		
Domingo		

GRATIDÃO DA SEMANA

Anotações

MÊS 4

DIAS ____

Metas

1.
2.
3.

Meta (1/2/3)	Etapas para atingimento da meta (atividades a cumprir; submetas)	SEMANA 1	SEMANA 2	SEMANA 3	SEMANA 4

SEMANA 1

	Ações	Ok?
Segunda		
Terça		
Quarta		
Quinta		
Sexta		
Sábado		
Domingo		

GRATIDÃO DA SEMANA

SEMANA 2

	Ações	Ok?
Segunda		
Terça		
Quarta		
Quinta		
Sexta		
Sábado		
Domingo		

GRATIDÃO DA SEMANA

SEMANA 3

	Ações	Ok?
Segunda		
Terça		
Quarta		
Quinta		
Sexta		
Sábado		
Domingo		

GRATIDÃO DA SEMANA

SEMANA 4

	Ações	Ok?
Segunda		
Terça		
Quarta		
Quinta		
Sexta		
Sábado		
Domingo		

GRATIDÃO DA SEMANA

Anotações

MÊS 5

DIAS ____

Metas

1.
2.
3.

Meta (1/2/3)	Etapas para atingimento da meta (atividades a cumprir; submetas)	SEMANA 1	SEMANA 2	SEMANA 3	SEMANA 4

SEMANA 1

	Ações	Ok?
Segunda		
Terça		
Quarta		
Quinta		
Sexta		
Sábado		
Domingo		

GRATIDÃO DA SEMANA

SEMANA 2

	Ações	Ok?
Segunda		
Terça		
Quarta		
Quinta		
Sexta		
Sábado		
Domingo		

GRATIDÃO DA SEMANA

SEMANA 3

	Ações	Ok?
Segunda		
Terça		
Quarta		
Quinta		
Sexta		
Sábado		
Domingo		

GRATIDÃO DA SEMANA

SEMANA 4

	Ações	Ok?
Segunda		
Terça		
Quarta		
Quinta		
Sexta		
Sábado		
Domingo		

GRATIDÃO DA SEMANA

Anotações

MÊS 6

DIAS ____

Metas

1.
2.
3.

Meta (1/2/3)	Etapas para atingimento da meta (atividades a cumprir; submetas)	SEMANA 1	SEMANA 2	SEMANA 3	SEMANA 4

SEMANA 1

	Ações	Ok?
Segunda		
Terça		
Quarta		
Quinta		
Sexta		
Sábado		
Domingo		

GRATIDÃO DA SEMANA

SEMANA 2

	Ações	Ok?
Segunda		
Terça		
Quarta		
Quinta		
Sexta		
Sábado		
Domingo		

GRATIDÃO DA SEMANA

SEMANA 3

	Ações	Ok?
Segunda		
Terça		
Quarta		
Quinta		
Sexta		
Sábado		
Domingo		

GRATIDÃO DA SEMANA

SEMANA 4

	Ações	Ok?
Segunda		
Terça		
Quarta		
Quinta		
Sexta		
Sábado		
Domingo		

GRATIDÃO DA SEMANA

Anotações

MÊS 7

DIAS ____

Metas
1.
2.
3.

Meta (1/2/3)	Etapas para atingimento da meta (atividades a cumprir; submetas)	SEMANA 1	SEMANA 2	SEMANA 3	SEMANA 4

SEMANA 1

	Ações	Ok?
Segunda		
Terça		
Quarta		
Quinta		
Sexta		
Sábado		
Domingo		

GRATIDÃO DA SEMANA

SEMANA 2

	Ações	Ok?
Segunda		
Terça		
Quarta		
Quinta		
Sexta		
Sábado		
Domingo		

GRATIDÃO DA SEMANA

SEMANA 3

	Ações	Ok?
Segunda		
Terça		
Quarta		
Quinta		
Sexta		
Sábado		
Domingo		

GRATIDÃO DA SEMANA

SEMANA 4

	Ações	Ok?
Segunda		
Terça		
Quarta		
Quinta		
Sexta		
Sábado		
Domingo		

GRATIDÃO DA SEMANA

Anotações

MÊS 8

DIAS _____

Metas

1.
2.
3.

Meta (1/2/3)	Etapas para atingimento da meta (atividades a cumprir; submetas)	SEMANA 1	SEMANA 2	SEMANA 3	SEMANA 4

SEMANA 1

	Ações	Ok?
Segunda		
Terça		
Quarta		
Quinta		
Sexta		
Sábado		
Domingo		

GRATIDÃO DA SEMANA

SEMANA 2

	Ações	Ok?
Segunda		
Terça		
Quarta		
Quinta		
Sexta		
Sábado		
Domingo		

GRATIDÃO DA SEMANA

SEMANA 3

	Ações	Ok?
Segunda		
Terça		
Quarta		
Quinta		
Sexta		
Sábado		
Domingo		

GRATIDÃO DA SEMANA

SEMANA 4

	Ações	Ok?
Segunda		
Terça		
Quarta		
Quinta		
Sexta		
Sábado		
Domingo		

GRATIDÃO DA SEMANA

Anotações

MÊS 9

DIAS ____

Metas

1.
2.
3.

Meta (1/2/3)	Etapas para atingimento da meta (atividades a cumprir; submetas)	SEMANA 1	SEMANA 2	SEMANA 3	SEMANA 4

SEMANA 1

	Ações	Ok?
Segunda		
Terça		
Quarta		
Quinta		
Sexta		
Sábado		
Domingo		

GRATIDÃO DA SEMANA

SEMANA 2

	Ações	Ok?
Segunda		
Terça		
Quarta		
Quinta		
Sexta		
Sábado		
Domingo		

GRATIDÃO DA SEMANA

SEMANA 3

	Ações	Ok?
Segunda		
Terça		
Quarta		
Quinta		
Sexta		
Sábado		
Domingo		

GRATIDÃO DA SEMANA

SEMANA 4

	Ações	Ok?
Segunda		
Terça		
Quarta		
Quinta		
Sexta		
Sábado		
Domingo		

GRATIDÃO DA SEMANA

Anotações

MÊS 10

DIAS ____

Metas

1.
2.
3.

Meta (1/2/3)	Etapas para atingimento da meta (atividades a cumprir; submetas)	SEMANA 1	SEMANA 2	SEMANA 3	SEMANA 4

SEMANA 1

	Ações	Ok?
Segunda		
Terça		
Quarta		
Quinta		
Sexta		
Sábado		
Domingo		

GRATIDÃO DA SEMANA

SEMANA 2

	Ações	Ok?
Segunda		
Terça		
Quarta		
Quinta		
Sexta		
Sábado		
Domingo		

GRATIDÃO DA SEMANA

SEMANA 3

	Ações	Ok?
Segunda		
Terça		
Quarta		
Quinta		
Sexta		
Sábado		
Domingo		

GRATIDÃO DA SEMANA

SEMANA 4

	Ações	Ok?
Segunda		
Terça		
Quarta		
Quinta		
Sexta		
Sábado		
Domingo		

GRATIDÃO DA SEMANA

Anotações

MÊS 11

DIAS ____

Metas
1.
2.
3.

Meta (1/2/3)	Etapas para atingimento da meta (atividades a cumprir; submetas)	SEMANA 1	SEMANA 2	SEMANA 3	SEMANA 4

SEMANA 1

	Ações	Ok?
Segunda		
Terça		
Quarta		
Quinta		
Sexta		
Sábado		
Domingo		

GRATIDÃO DA SEMANA

SEMANA 2

	Ações	Ok?
Segunda		
Terça		
Quarta		
Quinta		
Sexta		
Sábado		
Domingo		

GRATIDÃO DA SEMANA

SEMANA 3

	Ações	Ok?
Segunda		
Terça		
Quarta		
Quinta		
Sexta		
Sábado		
Domingo		

GRATIDÃO DA SEMANA

SEMANA 4

	Ações	Ok?
Segunda		
Terça		
Quarta		
Quinta		
Sexta		
Sábado		
Domingo		

GRATIDÃO DA SEMANA

Anotações

MÊS 12

DIAS ____

Metas

1.
2.
3.

Meta (1/2/3)	Etapas para atingimento da meta (atividades a cumprir; submetas)	SEMANA 1	SEMANA 2	SEMANA 3	SEMANA 4

SEMANA 1

	Ações	Ok?
Segunda		
Terça		
Quarta		
Quinta		
Sexta		
Sábado		
Domingo		

GRATIDÃO DA SEMANA

SEMANA 2

	Ações	Ok?
Segunda		
Terça		
Quarta		
Quinta		
Sexta		
Sábado		
Domingo		

GRATIDÃO DA SEMANA

SEMANA 3

	Ações	Ok?
Segunda		
Terça		
Quarta		
Quinta		
Sexta		
Sábado		
Domingo		

GRATIDÃO DA SEMANA

SEMANA 4

	Ações	Ok?
Segunda		
Terça		
Quarta		
Quinta		
Sexta		
Sábado		
Domingo		

GRATIDÃO DA SEMANA

Anotações

CAPÍTULO 8

RESULTADOS

"A mais lamentável de todas as perdas é a perda do tempo."

PHILIP CHESTERFIELD

É uma satisfação enorme dividir essa evolução com você. Espero que tenha dedicado seu tempo com amor e cuidado para a pessoa mais importante da sua vida: você!

A seguir, você encontrará uma nova roda da vida. Preencha-a novamente e, assim, poderá compará-la com a roda que preenchemos logo no início do processo. Tenho certeza de que ficará surpreso(a) com os resultados.

O mérito é todo seu. E o mais incrível de tudo: agora você já tem as ferramentas para usar sempre que quiser se aproximar de seus objetivos.

Gratidão por sua dedicação e por me permitir participar do seu processo!

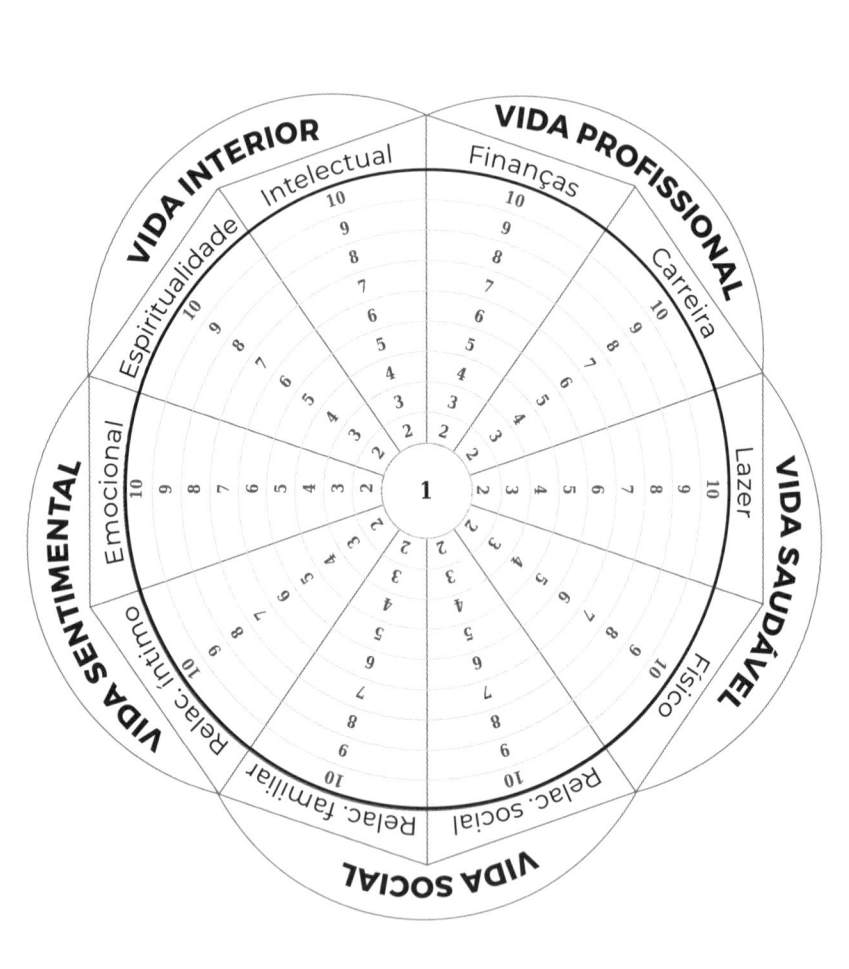

Roda da Vida

VIDA INTERIOR
- Intelectual
- Espiritualidade

VIDA PROFISSIONAL
- Finanças
- Carreira

VIDA SAUDÁVEL
- Lazer
- Físico

VIDA SOCIAL
- Relac. social
- Relac. familiar

VIDA SENTIMENTAL
- Relac. íntimo
- Emocional

"Certa vez perguntaram ao mestre:
'O que mais o surpreende na humanidade?'
E ele respondeu:
'Os homens, que perdem a saúde para juntar dinheiro e depois perdem o dinheiro para recuperar a saúde. Por pensarem ansiosamente no futuro, esquecem o presente de tal forma que acabam por não viver no presente nem no futuro. Vivem como se nunca fossem morrer e morrem como se nunca tivessem vivido.'"

– AUTOR DESCONHECIDO

SOBRE A AUTORA

Amante da natureza e dos animais, Vanessa Tacchi formou-se primeiramente em Veterinária pela USP, talvez por encontrar ali um dos tipos mais puros de amor. Sempre buscando aprimorar-se para alçar voos maiores, trabalhou no Ministério da Agricultura, na coordenação da garantia de qualidade de empresa multinacional, e foi responsável pelo Brasil em temas sanitários para o projeto europeu ELANBIZ (com participações internacionais em Alemanha, Bélgica, Espanha, Portugal, Hong Kong, México, Polônia e Peru). Hoje, atua como diretora da consultoria em assuntos regulatórios REGISTRO IN.

Sempre apaixonada pelo desenvolvimento humano e pela maior expressão de suas potencialidades durante toda sua trajetória, iniciou sua jornada de amor ao ser humano. Após anos de estudos em Programação Neurolinguística, Análise Comportamental, Coaching Integrado Sistêmico, Ativismo Quântico e Gestão do Tempo e de Processos, descobriu na maneira como gerenciamos o tempo a maior e melhor ferramenta para o encontro dessa essência, que nos levará à tão procurada realização. E é dessa maneira que hoje ajuda tantas pessoas a alcançarem suas metas, usando o tempo a seu favor.

Alguns dos cursos que a levaram a esse aprofundamento que lhe permite, hoje, expressar sua missão e auxiliar mais e mais pessoas e empresas a alçarem grandes voos:

- Auditor Líder Internacional FSSC 22000 – Portugal
- MBA em Relações Internacionais – FGV
- Medicina Veterinária – FMVZ-USP
- Practitioner em PNL (Programação Neuro Linguística) – Instituto Você
- Ativismo Quântico – Quantum Academy, com Amit Goswami
- Coach Sistêmica – ICI Integrated Coaching Institute
- PROTAGON – Wendell Carvalho
- MMI (Millionaire Mind Intensive) – T. Harv Eker
- Gestão do Tempo – Kairos Treinamentos
- Tecnólogo em Processos Gerenciais – UFMS
- Formação em Analista Comportamental – ICI Integrated Coaching Institute
- Liderança e Desenvolvimento Pessoal com base em PNL (Você) – Instituto Você
- Liderança e Desenvolvimento Pessoal com base em PNL (Power Trainning) – Instituto Você
- Liderança e Desenvolvimento pessoal com base em PNL (Diamond) – Instituto Você
- Curso de Liderança – Formação de Supervisores
- Gestão da Qualidade e Avaliação Sensorial – McDonald's, Hong Kong
- Vigilância Sanitária de Alimentos – Infrações e Penalidades – USP
- Programa Desenvolvendo Competências (Gestão de Tempo) – Universidade do Hambúrguer
- Analista de Exportação – Aduaneiras
- Developing and Implementing HACCP Plans

grupo novo século

Compartilhando propósitos e conectando pessoas
Visite nosso site e fique por dentro dos nossos lançamentos:
www.novoseculo.com.br

figurati

gruponovoseculo.com.br

Edição: 1
Fonte: Adelle | Montserrat